Como se tornar mais Produtivo

Pare de Procrastinar, Elimine as Distrações e Aumente sua Produtividade

ISMAR SOUZA

AVISO LEGAL

Como se Tornar Mais Produtivo

Pare de procrastinar, elimine as distrações
e aumente sua produtividade

Copyright © 2019, **Ismar Souza**. Todos os direitos reservados e protegidos pela Lei 9.610/98 do Brasil, bem como demais leis sobre direitos autorais dos países em que esta obra for adquirida.
Nenhuma parte do conteúdo deste livro poderá ser utilizada ou reproduzida em qualquer meio ou forma, seja ele impresso, digital, áudio ou visual sem a expressa autorização por escrito do autor. A não observância destas condições pode incorrer em penas criminais e ações civis.
Para solicitar permissões de reprodução, escreva para
ebooks@academiaideia.com

DEDICATÓRIA

Dedico este livro à minha amada esposa Elaine, cujo apoio e companheirismo tornaram esta obra uma realidade, e à minha filha Isabela, que me incentiva todos os dias com seu lindo sorriso.

SUMÁRIO

Apresentação

PARTE 1 - MENTALIDADE

Os Recursos para a Produtividade

Identificando seus pontos cegos

O jogo das desculpas e o medo de produzir

Introdução à procrastinação

Superando a procrastinação

Lidando com o perfeccionismo

Algumas palavras sobre multitarefa

Aprendendo a dizer não

Força de vontade e determinação

PARTE 2 - VITALIDADE

Alimentação produtiva

Como se alimentar bem

Como ter uma boa noite de sono

Adicionando disposição ao seu dia

Criando o hábito de se exercitar

Introdução à meditação

PARTE 3 - ELIMINAÇÃO E SIMPLICIDADE

Estabelecendo limites

A arte de fazer o que é importante

O modelo EDT – Eliminar / Diminuir / Terceirizar

Eliminando as distrações e interrupções

A Lei de Parkinson

O princípio da Dose Mínima Eficaz – DME

PARTE 4 - PLANEJAMENTO

Conceituando Projetos

Formulando Metas

Gerenciando Projetos – Plano de ação

Organizando e priorizando suas tarefas

O princípio de Pareto

Trabalhando em blocos de tempo

A técnica do Pomodoro

PARTE 5 - CONDICIONAMENTO

Criando uma rotina poderosa

Como são formados os hábitos

Criando novos hábitos

O calendário de Seinfeld

PARTE 6 - MOTIVAÇÃO

O fator motivação

A motivação externa

Procrastinação positiva

Considerações finais

APRESENTAÇÃO

Oi, aqui é o Ismar, tudo bem? Estou muito feliz por ver que você tomou a decisão de investir no seu conhecimento e iniciar a leitura deste livro. Isso prova que você é diferente da maioria das pessoas, que apenas reclamam das dificuldades, mas que não fazem nada para mudar.

Você é diferente. Parabéns :)

Nesse livro você terá acesso a diversas técnicas, dicas, conceitos e métodos que com certeza vão te ajudar a aumentar seu nível de produtividade.

Como sugestão para tirar o máximo proveito da leitura, eu peço encarecidamente que você siga a sequência dos tópicos proposta aqui. O maior erro que eu vejo as pessoas cometendo assim que elas começam um novo livro, curso ou treinamento é que elas dão uma rápida olhada no sumário e vão direto para os tópicos em que elas acham que estão as informações que faltam para elas.

Eu passei alguns meses pesquisando não só o melhor conteúdo para você, mas também a melhor forma de passar tudo isso. Então mantenha a calma e leia este livro na sequência. Combinado?!

Tenha aí ao seu alcance um caderno e uma caneta, faça pausas durante a leitura para refletir e fazer suas anotações, e pensar em como pode aplicar o que for aprendendo. Não se esqueça que a verdadeira mudança não acontece quando você aprende alguma coisa, mas sim, quando você usa aquilo que aprendeu.

O conteúdo está organizado de forma que o conhecimento que você vai adquirir seja construído passo a passo, de forma sólida, por isso tenha certeza de que entendeu o conteúdo de cada tópico antes de avançar para o próximo.

Além disso, você tem toda a liberdade para adaptar os métodos até que eles se encaixem da melhor forma às suas necessidades.

Desejo a você uma ótima leitura.

Ismar Souza

Para conhecer mais sobre meu trabalho acesse ismarsouza.com

PARTE 1. MENTALIDADE

OS RECURSOS PARA A PRODUTIVIDADE

O segredo do sucesso é a constância de propósito. - Benjamin Disraeli

Recursos são todos os meios utilizados para se alcançar determinado objetivo. A produtividade é alcançada através do uso de 7 recursos básicos: energia, atenção, conhecimento, ferramentas, recursos humanos, recursos financeiros e tempo.

A energia é fundamental para executar qualquer tarefa. Ela depende diretamente do seu estado físico e mental. Em outras palavras, você precisa estar bem e com as condições mínimas para trabalhar no seu objetivo.

Você não vai conseguir ser mais produtivo se estiver sentindo fome ou sede, se estiver com dor, cansado ou preocupado. É fundamental que seu corpo e sua mente estejam alinhados e preparados para a sua tarefa.

A atenção, de acordo com a psicologia, é uma capacidade mental que funciona como uma espécie de filtro que avalia a importância de um estímulo no meio de vários outros. É o recurso da atenção que vai proporcionar a você a possibilidade de focar em uma atividade do começo ao fim.

O conhecimento garante que você faça as coisas da melhor maneira. Quanto maior é o seu conhecimento sobre uma atividade, melhor será seu resultado nela. O conhecimento por si só já é um fator motivador para a conclusão das suas tarefas.

E então temos as ferramentas que são qualquer objeto necessário para realizar uma tarefa. Um martelo, um balde, uma escada, uma caneta, um computador ou um carro. Dependendo da atividade, as ferramentas mudam e podem ser qualquer coisa.

Os recursos humanos são as pessoas necessárias para executar uma tarefa. Em alguns casos, por mais que você tenha condições físicas, foco, conhecimento e as ferramentas adequadas, a melhor opção é delegar e solicitar para que alguém faça aquilo por você. Ser produtivo não significa que você precisa fazer tudo sozinho.

Recurso financeiro é o custo em dinheiro que você precisa investir para fazer alguma coisa. Você precisa de recursos financeiros para adquirir mais conhecimento, comprar uma ferramenta ou pagar alguém para fazer um serviço para você.

E por fim, o tempo, que é o recurso mais importante e necessário em todas as atividades. Infelizmente, o tempo é um recurso totalmente limitado. Você não pode criar mais tempo. Mas pode mudar a forma como usa o que tem disponível.

A partir de agora nós vamos entender como gerenciar esses recursos para aumentar sua produtividade.

IDENTIFICANDO SEUS PONTOS CEGOS

Para ter um negócio de sucesso, alguém, algum dia, teve que tomar uma atitude de coragem. - Peter Drucker

Independentemente do que você precise fazer, sempre vão existir pontos cegos que vão limitar sua produtividade. Isso é um fato.

E uma das metas que você precisa alcançar para aumentar sua produtividade é identificar esses pontos fracos para poder eliminá-los.

Um ponto cego, ou ponto fraco, muitas vezes é um pequeno detalhe dentro de um processo que acaba passando desapercebido, mesmo que as vezes seja de extrema importância.

Um ponto cego pode ser qualquer coisa, desde um comportamento ruim, um mau hábito, um erro de cálculo, uma escolha malfeita, uma pessoa preguiçosa, um e-mail mal escrito, enfim, um ponto fraco é algo que pode limitar seus resultados, ou até impedir que você conclua uma tarefa.

Lembre-se que os pontos fracos sempre existirão, e para serem descobertos você precisa ter clareza sobre os passos que você precisa dar.

Uma forma bastante eficaz de encontrar pontos cegos é criando um plano de ação, que é uma lista onde você anota todos os passos de uma tarefa que você precisa fazer. Nós vamos ver em detalhes como criar um plano de ação no capítulo sobre planejamento.

Mas agora, você precisa saber que toda análise em busca de pontos fracos deve começar pelos pontos fracos internos. Quando você se torna consciente de que esses detalhes existem, você percebe que os pontos mais delicados estão escondidos dentro de nós mesmos.

Para identificar os seus pontos fracos faça a si mesmo as seguintes perguntas:

- O que poderia me impedir de concluir a tarefa que estou realizando agora?

- Qual é o fator que pode limitar o meu desenvolvimento nessa tarefa?

- O que, dentro de mim, poderia ser mudado para que os resultados pudessem ser melhores?

Uma vez que você identificou o ponto fraco que está te atrapalhando, pense numa forma simples, mas imediata de resolvê-lo. Não importa se você vai eliminar esse ponto fraco agora, o que importa é que você comece a agir imediatamente. Frequentemente os pontos fracos tomam a forma de uma bola de neve quando são deixados de lado.

Uma sugestão é que você separe alguns minutos do seu dia, para refletir sobre essas três perguntas que acabamos de ver. Um ponto importante da produtividade é repensar seus processos, cuidando para que cada detalhe seja feito com toda a atenção possível.

Ah, é muito provável que quando fizer essa reflexão, você encontre mais de um ponto fraco. Se isso acontecer não tente resolver todos eles de uma vez. Compare e veja qual deles é o mais crítico e comece por ele, trabalhe sempre um de cada vez.

O JOGO DAS DESCULPAS E O MEDO DE PRODUZIR

Uma pessoa tem entusiasmo por 30 minutos, outra por 30 dias, mas é a pessoa que tem entusiasmo por 30 anos que faz da sua vida um sucesso.
- Edward B. Butler

A verdade é que sempre que deixamos de fazer alguma coisa, nos sentimos culpados, e como é muito difícil lidar com nossas próprias faltas, acabamos inventando uma desculpa para confortar a nós mesmos.

Quando crianças sempre queremos as coisas para já, simplesmente porque as coisas não dependem de nós mesmos, e é muito mais fácil cobrar do que dar explicações. Então quando crescemos e nos deparamos com a responsabilidade e o trabalho, começamos a deixar de fazer as coisas, porque ficamos imaginando todo o trabalho e tudo o que pode acontecer. O seu medo não é fazer o trabalho, é começar ele.

Uma das desculpas mais comuns que as pessoas dão a si mesmas quando não querem fazer alguma coisa é: Mas isso é muito desagradável, é chato. Bem, eu não queria te dar essa notícia tão ruim, mas eu preciso dizer, a vida é assim mesmo. Muitas vezes você vai precisar fazer coisas de que não gosta. E quanto mais cedo você entender isso, melhor.

Eu sempre uso uma frase para me ajudar nesses momentos em que eu preciso fazer algo que não me agrada, e acho que você pode usar ela também: Quanto mais cedo eu começar a fazer isso, mais cedo eu vou terminar. Simples, não é?

Quantas vezes você fez algo de que não gostava e no final conseguiu algo de que acabou gostando muito?

Esse comportamento de adiar as coisas por elas serem desagradáveis normalmente acaba gerando um sentimento de culpa, ou até problemas mais sérios.

Mas vamos lá, no geral o que te desagrada é uma coisa em particular, ou um detalhe, e você acaba adiando toda a tarefa só por causa disso. O segredo aqui é identificar o que exatamente você não gosta de fazer, e pensar em uma forma de resolver isso.

Você não gosta de lavar louça, e por isso a pia sempre fica lotada de pratos e panelas, mas você adora assistir um filme de ação? Que tal deixar o filme rolando enquanto você limpa tudo? Ou melhor, você pode preparar tudo para assistir seu filme e ir lavar a louça, assim o seu prêmio será o filme. Assim a tarefa chata não fica tão chata, e você vai perceber que é muito mais fácil fazer as coisas quando você está animado e motivado.

Esses jogos que as pessoas fazem de inventar desculpas servem apenas para elas se sentirem bem com elas mesmas, para elas acharem que estão sendo produtivas, quando na verdade estão apenas perdendo um tempo que nunca mais terão de volta. Isso é apenas para disfarçar um problema maior. O medo de fazer as coisas.

Os medos te impedem de agir. Eles te impedem de usar todo o seu potencial produtivo. A melhor forma de vencer o medo que te trava é enfrentando-o de frente. Quanto mais claramente você enxergar seus medos, mais fácil será superá-los.

Existem 3 medos que são apontados como os principais limitadores da produtividade.

O primeiro é o medo de errar. Algumas pessoas têm tanto medo de errar, tanto medo de não conseguirem fazer alguma coisa do jeito que elas haviam imaginado que elas simplesmente não fazem nada. O segredo para lidar com esse medo é ter em mente que os erros são naturais.

Existe uma história que conta que certa vez um amigo foi até a casa de Thomas Edison e perguntou se ele não se sentia frustrado por ter errado mais de 1500 vezes até ter conseguido fazer sua invenção funcionar, e Thomas Edison respondeu: Eu não errei nenhuma vez, na verdade, eu aprendi 1500 maneiras de como não fazer uma lâmpada, e foi isso que me deu a chance de acertar na última vez.

Os erros demonstram que você precisa mudar alguma coisa. O único jeito de não cometer nenhum erro é não fazendo nada.

O segundo é o medo da imperfeição. Um dos problemas mais comuns entre as pessoas que adiam indefinidamente as coisas é esperarem pelo momento perfeito. Enquanto você buscar o momento perfeito, a pessoa perfeita ou o lugar perfeito, você não vai fazer nada, porque nada disso existe. Ao invés disso, se preocupe em fazer o melhor possível com as ferramentas que tiver disponível. Isso é deixar o medo da imperfeição de lado e correr em busca da excelência.

A excelência é buscar pelo melhor resultado apesar das condições. É aceitar os erros como oportunidades de mudar e melhorar um processo. É a arte de aceitar e aprender com seus próprios erros e com os erros que acontecem ao seu redor.

Quem busca pela excelência não alimenta o último dos 3 medos: O medo de ser julgado.

Muitas pessoas adiam metas e objetivos importantes por medo do que as outras pessoas vão dizer sobre eles.

Provavelmente você já deve ter deixado de fazer alguma coisa por medo do que um amigo ou um familiar poderia dizer.

Mas atenção para esse detalhe: as pessoas não avaliam as escolhas que você faz, elas avaliam as escolhas que elas fariam.

As pessoas fazem escolhas diferentes entre elas, e quando alguém apresenta uma ideia diferente da nossa, automaticamente nós temos a tendência de defender nossa escolha e julgar a escolha da outra.

Quando você entende que essa diferença existe, e que cada um está interessado primeiramente em defender suas próprias escolhas, fica mais fácil lidar com esse medo de ser julgado.

Esteja seguro sobre seus objetivos. Como disse Bill Cosby, "Eu não conheço a chave para o sucesso, mas a chave para o fracasso é tentar agradar todo mundo".

E então eu te pergunto: Qual é o seu motivo para não fazer o que precisa fazer?

Todas as desculpas têm um ponto em comum: a falta de foco e clareza sobre o que precisar ser feito.

Tenha clareza sobre seu objetivo. E quanto ao medo, quando ele aparecer responda:

O que poderia me acontecer se eu não fizesse isso que estou com medo de fazer?

E se eu fizesse?

O que eu ganharia?

O que melhoraria na minha vida?

Respondendo essas perguntas quando você sentir medo, com certeza você vai perceber que o medo muitas vezes é apenas uma desculpa para não fazer o que precisa ser feito.

INTRODUÇÃO À PROCRASTINAÇÃO

Os homens alcançam sucesso quando eles percebem que seus fracassos são uma preparação para suas vitórias. - Ralph Waldo Emerson

A procrastinação pode ser definida como o ato de adiar uma ação ou um projeto indefinidamente. Algumas pesquisas indicam que cerca de 75% das pessoas adiam ao menos uma tarefa por dia.

Todos nós procrastinamos em algum momento. É normal as vezes, por estar cansado ou desmotivado, que você adie uma tarefa ou outra. O problema é quando isso começa a acontecer com muita frequência.

O que poucas pessoas percebem é que a procrastinação é um efeito, e não uma causa. Você não adia as coisas porque gosta de adiar, você adia as coisas porque quer evitar a dor, o desconforto ou porque não sabe exatamente o que precisa fazer. É a conhecida história de se manter na zona de conforto. E é por isso que você cria desculpas, para se sentir mais confortável.

A zona de conforto é um lugar seguro, mas em contrapartida, é um lugar estático, as mudanças acontecem fora da sua zona de conforto.

A partir de agora, você vai entender por que você adia suas tarefas, mesmo quando tem consciência da importância delas.

Pode parecer contraditório, mas muitas vezes nós procrastinamos porque estamos ocupados demais. Mas aqui vai uma observação muito importante: Estar ocupado não significa que você está sendo produtivo.

A falta de consciência é um dos principais motivos da

procrastinação. É muito comum as pessoas adiarem suas tarefas e nem se darem conta de que estão procrastinando.

Nós procrastinamos por três motivos básicos:

1. Porque não estamos seguros sobre o que precisamos fazer.

Quando você precisa fazer alguma coisa, mas não conhece bem os detalhes daquilo, é muito provável que você adie o que tem que fazer. Por exemplo: Você está querendo mudar de emprego a algum tempo, e já viu uma vaga bem interessante, mas a empresa fica em outra cidade, em um lugar que você não conhece. E isso faz você adiar a ida até a empresa.

2. Porque não temos uma visão clara dos resultados

Vamos supor que agora você conheça o lugar onde fica a empresa, no entanto, você não tem tanta certeza se seria realmente um bom emprego. Como você tem dúvidas se valeria a pena, mais uma vez você não faz o que deveria fazer.

Quando você tem dúvidas sobre os resultados de algo que precisa fazer, é bem provável que você adie essa tarefa.

3. Porque tentamos evitar uma dor ou um desconforto

Ok, voltando ao exemplo anterior, agora imagine que você sabe onde fica a empresa, e também tem certeza de que seria uma ótima oportunidade de trabalho, bem melhor do que a que tem hoje. Mas a empresa fica em outra cidade, imagine o trabalho que daria ter que ir até lá, ter que se acostumar com as novas pessoas, aprender todo o processo deles... enfim.

Entendeu o problema?

Se você não conhece os detalhes, não tem uma visão clara dos resultados que você pode alcançar e se você tentar evitar o desconforto da mudança, é muito provável que você procrastine o que precisa fazer.

Sempre que nos deparamos com alguma atividade maçante, ou que demande um trabalho com o qual não estamos acostumados, a resposta automática do nosso corpo é evitar fazer aquilo.

Todo o nosso tempo é usado basicamente de duas formas: Nos descontraindo ou produzindo.

Nos momentos de descontração podemos estar descansando, ociosos ou ocupados com atividade que servem simplesmente para entreter nossa mente.

Nos momentos de produção, nós estamos agindo de acordo com um projeto, agindo de forma planejada em que temos um objetivo definido. Nos períodos de produção estamos trabalhando de tal forma, que os resultados que conseguimos nesses momentos nos darão condições para crescer, para nos desenvolver e sermos mais felizes.

Afinal, independente do que você tenha definido como objetivo para sua vida, o motivo de fazer o que você faz é para se sentir melhor, é ser feliz. Esse é o maior objetivo da vida.

Agora é bom que você saiba que não é possível permanecer em um estado de produção durante todas as 24 horas do dia.

Você precisa ter seus momentos de descontração para descansar o corpo e a mente. O segredo é saber equilibrar os momentos de descontração com os de produção. E quando eu falo em equilíbrio não quero dizer que basta você dividir seu tempo entre esses dois e tudo vai estar bem. Você precisa aprender a equivaler esses dois conceitos. Precisa entender que dependendo da atividade, os momentos de descontração e produção podem ser maiores ou menores.

Se você costuma dizer "isso sempre acontece comigo" é bem provável que você esteja procrastinando alguma coisa, ou que está prestes a procrastinar. Acontece que quando diz isso várias vezes para si mesmo, essa expressão passa a ser uma crença, e crenças geram expectativas.

O que você pensa influencia no que você faz, o que você faz influencia no que você acredita, o que você acredita influencia no que pensa. É um ciclo.

Como nós veremos no próximo tópico, a melhor forma para resolver a procrastinação é aumentando seu nível de consciência. Quanto mais você conhecer os motivos que o fazem procrastinar, mais fácil será mudar isso.

Algumas pessoas cometem o equívoco de pensarem que o jeito de resolver a procrastinação é apenas fazer o máximo de tarefas que for possível. O resultado é que acabam acumulando ainda mais tarefas. E como elas ficam sobrecarregadas, acabam procrastinando ainda mais.

A procrastinação também é causada por um nível de ansiedade muito alto. Quanto mais ansiedade, maior é a probabilidade de procrastinar.

Eu explico. Uma vez que seu nível de ansiedade por alguma atividade esteja muito alto, isso causa insegurança quanto ao que pode acontecer. Você pode se sentir incomodado por alguma coisa, ou com medo do que pode acontecer ou do que as outras pessoas podem dizer. Nós também já vimos todos esses pontos antes.

Então como curar a ansiedade? Com a autoestima e confiança. Veja, autoestima é o que você sente com relação a si mesmo, e confiança é o que sente com relação a alguma coisa ou alguma pessoa.

Ter uma autoestima forte e estar confiante afasta a ansiedade e tudo o que vem com ela.

A procrastinação acontece quando não existe uma motivação forte o suficiente para que você prossiga com sua tarefa. E ao contrário do que muitas pessoas pensam, a procrastinação não é não fazer nada, pelo contrário, quem procrastina normalmente decide fazer muita coisa, mas não segue em frente, não termina nada.

SUPERANDO A PROCRASTINAÇÃO

Diante de um obstáculo, você muda sua direção, não seu objetivo.
- Zig Ziglar

O primeiro passo para você superar a procrastinação e começar a agir de forma eficiente é admitir que você procrastina. É necessário que você seja sincero consigo mesmo.

Vencer a procrastinação não acontece do dia para a noite. Procrastinar é um hábito que se forma ao longo do tempo, e como todo hábito, ele precisa de um certo tempo para ser modificado.

Como vimos nos últimos tópicos, é da nossa natureza sentir medo e evitar a dor que as tarefas trazem, mesmo que o resultado seja muito bom ou necessário.

Então, quanto mais você entende sobre o que te faz adiar as coisas, mais fácil será mudar.

Nesse primeiro momento, é importante que você tenha cuidado com seus pensamentos, pois é neles que a procrastinação começa.

Sempre que perceber que está pensando em deixar algo para depois faça uma pergunta a si mesmo: Por que estou pensando em adiar essa tarefa?

A partir da reposta dessa pergunta você terá mais informações para entender o que faz você adiar suas tarefas.

Pegue seu caderno e a sua caneta e anote esse pensamento que está rondando sua cabeça e querendo te arrastar para o escuro. Assim, quando ele se aproximar outra vez vai ser mais fácil de reconhecer e evitar que ele te trave se transformando em uma desculpa.

E aí está a grande diferença entre quem faz e quem deixa para depois: O procrastinador busca um motivo para adiar, o produtivo busca um motivo para fazer.

Um outro desafio que você precisa vencer se quiser se tornar mais produtivo e parar de procrastinar é manter sua atenção no presente, é viver cada momento de forma consciente.

Sabe aquela pessoa que vive falando das coisas que fez, ou de como as coisas deveriam ter sido feitas?

Ah, você fez isso? Mas deveria ter feito aquilo. Nossa não acredito que isso aconteceu, se tivesse ido por ali teria sido diferente, enfim...

Quando você se preocupa demais com o que já aconteceu ou como algo deveria ter sido feito você fica preso ao passado.

Já o contraponto é quando a mente fica viajando no futuro, apenas imaginando o que poderia ser feito, como poderia ser feito, quem poderia fazer, mas não se faz nada.

Existe uma frase que diz que o único dia em que podemos agir é o hoje, pois o ontem já passou, e o amanhã ainda não chegou, no final o que temos é o presente.

Pense nisso, e você vai ver que grande parte da sua procrastinação acontece porque você não está vivendo no momento certo, está perdido no tempo, arrependido e frustrado pelo passado, ou ansioso e inseguro com o futuro.

Viva o presente que você tem.

Sempre que perceber um pensamento que vai resultar num adiamento, ou quando perceber que está adiando alguma coisa faça essas perguntas a si mesmo:

Eu sei o que precisa ser feito?

Estou com medo ou evitando alguma dor?

Do que estou com medo?

Qual seria a forma mais simples e rápida de eliminar essa sensação?

Aqui nós tocamos em um ponto delicado e extremamente importante, a procrastinação é sempre emocional.

Não é a presença, a falta ou excesso de alguma coisa que te faz procrastinar, mas sim o que você sente sobre essa presença, falta ou excesso.

Aqui cabe mais uma pergunta, o que é que está presente, em falta ou excesso e que está te impedindo de fazer o que você quer?

Como você pode perceber, as respostas para todas essas perguntas darão a você a direção para superar a procrastinação.

Mas nada é mais importante na luta contra a procrastinação quanto um propósito claro.

Quando eu falo de propósito, muitas pessoas pensam que estou falando de propósito de vida, de algo enorme, mas não, o propósito pode ser reconhecido até mesmo nas mais simples tarefas.

Se você não tiver um propósito definido, se não tiver um motivo claro em sua mente de porque deve fazer alguma coisa, é bem provável que não vai fazer.

Antes de começar uma tarefa, você deve definir seu propósito, e trabalhar nele para que se torne o mais claro e objetivo possível, dessa forma, concluir a tarefa se torna mais fácil.

Eu vou te pedir para fazer o seguinte, sempre que precisar fazer alguma coisa que não te agrade, e que você sinta que corre o risco de adiar, pense em qual é a coisa mais importante que você vai conseguir depois que concluir essa tarefa. Esse será o seu propósito. Isso é o que vai te motivar a fazer.

As pessoas procrastinam porque não percebem que o tempo perdido adiando uma tarefa é muitas vezes maior do que o tempo que elas levariam para fazer essa tarefa.

Se for necessário anote esse propósito e deixe bem na sua frente até concluir a tarefa, e se por qualquer motivo, não seja possível terminar aquilo, registre o que aconteceu, e reflita sobre como poderá evitar esse problema numa próxima vez.

Como falei no começo, superar a procrastinação é uma jornada que leva algum tempo para ser concluída.

O importante é que você esteja atento para todos os pensamentos que estão sempre rondando a sua cabeça.

Se você pensar de forma produtiva, suas ações serão produtivas.

LIDANDO COM O PERFECCIONISMO

Habilidade é o que você é capaz de fazer. Motivação determina o que você faz. Atitude determina o quão bem você faz. - Lou Holtz

Embora a busca pelo melhor resultado seja natural e até certo nível, saudável, a preocupação exagerada com a qualidade do resultado pode gerar uma sensação de ansiedade, diminuição da produtividade e até problemas de autoestima e de saúde.

O perfeccionismo é um conjunto de padrões de pensamentos, ou crenças, que fazem você pensar que aquilo que faz e produz não tem qualidade nem valor.

Existe basicamente dois perfis de perfeccionistas.

O perfil mal adaptado, ou exagerado. E o perfil adaptativo, ou normal.

O perfil mal adaptado, é o que podemos chamar de perfeccionismo negativo, é esse perfil perfeccionista que causa uma constante insatisfação com seu próprio desempenho, levando a pessoa a focar em detalhes irrelevantes, que não são importantes para o trabalho.

E essa preocupação com detalhes cria uma condição de adiamento, o fato é, por conta disso, dificilmente o perfeccionista entrega alguma coisa. Pois sempre acha que aquilo não está bom o suficiente, e acaba não finalizando seus projetos.

Esse perfil de perfeccionismo pode ser reconhecido através de alguns sinais. Por exemplo, pessoas com esse perfil tendem a maximizar o negativo, o erro, o detalhe, focam muito mais nos detalhes que faltam ou não deram certo do que nos resultados positivos.

Além disso, é comum que um perfeccionista mal adaptado não reconheça os esforços que as outras pessoas fazem, aliás, eles não reconhecem nem mesmo quando eles próprios alcançam um bom resultado.

Outro sinal que esse perfil apresenta com frequência é o pensamento de alto contraste. Ou algo é totalmente bom, ou totalmente ruim. E como você já deve imaginar, na opinião de um perfeccionista mal adaptado, normalmente as coisas são totalmente ruins.

Um perfeccionista mal adaptado frequentemente sofre com problemas de autoestima por conta de achar que seu verdadeiro valor está nas coisas que ele faz, e não no que ele é como pessoa. Isso também tem a ver com a crença de que se ele não puder entregar um resultado perfeito, será julgado e as pessoas deixarão de gostar dele.

Expectativas extremamente altas e metas praticamente impossíveis também são pontos comuns desse perfil. Se você conhece alguém que se enquadre nesse perfil já deve ter percebido isso, eles normalmente estabelecem metas impossíveis de serem alcançadas por um ser humano normal, e isso resulta num sentimento de frustração muito grande, afinal, nenhum de nós é capaz de gerar resultados perfeitos.

O segundo perfil, o adaptativo, é o que poderíamos chamar de perfeccionismo saudável, se bem que alguns especialistas dizem que esse perfil não deveria ser considerado perfeccionista.

Os adaptativos trabalham sempre com a visão de crescimento e desenvolvimento de suas habilidades. Suas metas estão sempre subindo de nível, no entanto, elas são realistas e alcançáveis, levando em consideração suas próprias capacidades e as condições necessárias.

Um perfeccionista normal trabalha com tranquilidade e confiança, ele comemora cada pequeno avanço e sabe que tudo é uma questão de tempo e prática para melhorar.

A principal diferença entre os dois perfis perfeccionistas está relacionada à percepção que cada um tem sobre os erros.

O mal adaptado não aceita erros. Para ele, é melhor não fazer nada do que fazer algo que possa conter um erro. Enquanto o adaptativo entende que o erro é algo natural, e que pode ser usado para melhorar o processo e melhorar cada vez mais os resultados.

Diante de um erro o perfeccionista normal tende a buscar uma nova solução e adaptar o processo às novas condições, enquanto o mal adaptado não pensa em mudar nada, afinal ele já estabeleceu uma meta muito exigente, e mudar a estratégia seria o mesmo que confessar que seu plano perfeito não pode ser concluído, daí vem a melhor opção na visão deles, parar com tudo.

Mas afinal, buscar o melhor resultado possível não deveria ser o correto a fazer?

É claro que é o correto a fazer, o problema é quando você dá mais importância em conseguir fazer as coisas como você imaginou ser o melhor, e acaba perdendo a oportunidade de concluir um projeto de forma diferente e conseguir um resultado tão bom quanto.

Para lidar com o perfeccionismo exagerado você pode primeiro, estabelecer expectativas realistas. Pense nas suas capacidades e nas condições necessárias para executar alguma coisa, entenda que existem milhares de coisas que você não pode fazer nesse momento.

Talvez você precise melhorar seu condicionamento físico, aprender mais sobre um assunto ou adquirir alguma ferramenta específica para conseguir alcançar um resultado melhor, enfim, não estabeleça metas que você não tem certeza de que pode alcançar.

Comemore seus avanços, por menores que eles sejam. Você tem tirado nota 5 nas suas provas de matemática, e hoje tirou uma nota 6? Que maravilha! Comemore. Não se sinta frustrado por não ter tirado 10, ao invés disso use o seu resultado e reflita sobre o que você precisa estudar para melhorar ainda mais a sua nota.

Lembre-se sempre disso, esse é um dos princípios fundamentais desse treinamento, você precisa mudar sua forma de pensar, é aí que mora seu potencial de mudança!

Mais uma sugestão?

O perfeito só existe na imaginação, por isso a realidade é tão diferente. Com isso eu não quero dizer que você deve se dar por satisfeito com qualquer resultado, não é isso. Eu quero dizer que você precisa entender que se ficar esperando pelo momento perfeito você não vai fazer nada, porque o momento perfeito simplesmente não existe.

Ao invés de tentar fazer algo perfeito, busque fazer algo excelente! A excelência está ao alcance de qualquer pessoa que busca o melhor resultado possível dentro das suas próprias capacidades e condições.

Como disse Aristóteles, a excelência não é um modo de agir, mas é um hábito, e o hábito traz a excelência.

Excelência então é fazer algo muitas vezes, procurando cada vez mais melhorar suas habilidades e os métodos.

Direcione seu foco para a conclusão, não apenas para os detalhes. Quanto mais você fizer e concluir, mais fácil será alcançar resultados melhores e atingir a excelência.

ALGUMAS PALAVRAS SOBRE MULTITAREFA

O crescimento da produtividade é o único caminho possível para alcançar prosperidade.
- Mario Draghi

Um estudo realizado na Universidade de Utah nos Estados Unidos revelou que apenas 2,5% das pessoas realmente conseguem fazer mais de uma tarefa ao mesmo tempo com um nível de resultado satisfatório, essas pessoas foram batizadas de *supertaskers*.

Então a não ser que você pertença a esse grupo realmente pequeno de pessoas, tentar fazer mais de uma coisa ao mesmo tempo pode acabar sendo prejudicial para você.

No entanto, não é difícil encontrar pessoas que se auto intitulam multitarefas. Inclusive, várias empresas colocam como requisito para vagas de emprego que seus candidatos sejam multitarefas (o que é simplesmente um absurdo!).

O que acontece realmente, de acordo com vários experimentos, é que quando você está no meio de várias tarefas simultâneas, ocorre um revezamento de atenção. Seu cérebro alterna o foco entre cada uma dessas tarefas com uma velocidade tão grande, que você tem a impressão de que está fazendo tudo ao mesmo tempo, mas não está.

O ponto negativo desse processo é que cada vez que seu cérebro muda o foco, ele perde agilidade, e o risco de cometer um erro é cada vez maior, pois a cada troca, o cérebro aumenta o nível de stress, e o que acontece quando o cérebro entra em um estado de stress? O corpo libera cortisol, que afeta tudo, desde a sua capacidade mental até a densidade dos seus músculos.

E com certeza você já conhece o efeito que o stress causa no corpo, ansiedade, depressão, distúrbios alimentares, emocionais e psicológicos.

É claro que esses efeitos são decorrentes de um nível de stress muito alto, ou que se estende por um longo período de tempo, e se seus momentos de "multitarefa" são pequenos, você não precisa se preocupar.

Agora, se você quer realmente utilizar sua capacidade produtiva de forma eficiente, talvez poderia pensar na possibilidade de abandonar a multitarefa.

Se você organiza e prioriza suas atividades, não existe motivo para pensar na multitarefa, é um esforço e desgaste desnecessários.

Um dos maiores motivos que leva as pessoas a tentarem a multitarefa como forma de adiantarem seus trabalhos é a alta carga de atividades. Controlar o impulso da multitarefa começa com o planejamento criterioso das suas tarefas. Não adianta saber o que deve ser feito, é importante que você defina o que deve ser feito primeiro.

Além disso, é bom que você saiba que precisa de um tempo de descanso, não é apenas a troca rápida de foco que cansa o cérebro. Passar longos períodos desenvolvendo uma mesma tarefa diminui seu desempenho, por isso, o indicado é que você faça pequenas pausas de pelo menos 5 minutos a cada meia hora de trabalho para que seu cérebro e seu corpo aliviem a pressão, literalmente.

Lembre-se que quanto maior for a intensidade do trabalho, maior é o desgaste físico, e portanto, maiores devem ser as pausas.

APRENDENDO A DIZER NÃO

O mais importante ingrediente na fórmula do sucesso é saber como lidar com as pessoas.
- Theodore Roosevelt

Se você diz sim, quando na verdade gostaria de dizer não, você não está priorizando seus objetivos, está colocando as metas de outras pessoas à frente das suas.

O seu tempo passa a valer menos se estiver sempre disponível para todos que pedirem alguma coisa a você.

Às vezes, dizemos sim por medo de magoar, decepcionar ou até mesmo ofender alguém. Sentimos medo de sermos rejeitados, temos medo de que não gostem de nós, ou que sintam raiva por termos negado um pedido. Temos medo de como as pessoas podem reagir.

A culpa é um outro sentimento que pode atrapalhar, pois muitas pessoas sentem culpa em dizer "não" por acharem que vão causar problemas para as outras pessoas.

Entenda uma coisa, quando você nega um pedido a alguém que não está acostumado a ouvir um "não", é natural que essa pessoa se sinta frustrada, o que não é normal é que você se sinta culpado.

Não é culpa sua se fez a coisa certa e a pessoa não soube lidar com isso. Cada um precisa ser responsável pelas próprias atitudes e aprender a lidar com as situações da vida.

Não estou dizendo que você tem que ser insensível para os problemas dos outros, o que eu quero dizer é que você deve sempre fazer uma comparação entre as suas necessidades e os pedidos que recebe, aliás aqui vai um aviso, é muito comum que pessoas que dizem sim para tudo atraiam aproveitadores, por isso é muito importante que você saiba se posicionar, que você seja firme.

Um outro fator que pode te impedir de dizer "não" é a vaidade. Você não tem que fazer tudo para todo mundo só para provar que é alguém legal ou competente. Essa é uma cilada muito perigosa, querer mostrar que pode fazer tudo só vai te atrapalhar e te deixar ocupado, e como já vimos antes, estar ocupado não é ser produtivo.

Aprender a dizer "não" é uma habilidade que pode ser adquirida em menor ou maior tempo, depende de como e com que frequência você treinar.

Para acelerar o processo você pode seguir esses passos:

1. No início é mais difícil negar um pedido diretamente, portanto, ganhe tempo. Quando for preciso dizer não e você não estiver seguro, se for possível, peça um tempo e diga que vai pensar sobre o assunto, assim você pode pensar em um motivo e negar o pedido de uma forma mais educada.

A ideia aqui não é que você minta, você precisa saber que tem o direito de negar um pedido e focar nas suas próprias tarefas, por isso, se for o caso, diga sinceramente que apenas não tem interesse em fazer o que foi pedido.

Pode acontecer de a pessoa que pediu algo, te pressione e exija que você dê uma resposta imediatamente. Nesse caso existem duas opções, permanecer firme e insistir que não dará a resposta naquele momento, ou respirar fundo e dizer que não vai aceitar o pedido. Cabe a você avaliar a situação e decidir qual a melhor saída.

Você pode achar que fazendo isso as pessoas deixarão de gostar de você, bom, em alguns casos vai acontecer mesmo, isso é inevitável. Mas acredite, se a pessoa ficou com raiva por você não ter feito algo para ela, talvez ele não esteja preocupado com o que você quer.

2. Essa é a fórmula mais objetiva e educada possível para negar um convite: Elogiar + negar + agradecer

Elogie a gentileza da pessoa e diga o quanto ficou feliz com o convite, negue o pedido dizendo em uma ou duas frases porque não pode aceitar, e agradeça por ter oferecido aquilo ou ter lembrado de você. E ponto.

Por exemplo. "Eu fiquei muito feliz de ter me convidado para jantar na sua casa, você foi muito gentil, infelizmente não posso ir. Mas agradeço o convite, espero que possa ir em uma outra oportunidade."

Quando você precisar negar alguma coisa ou um convite, quanto mais breve e objetivo você for, melhor.

3. Em alguns casos você até pode querer aceitar ou fazer uma parte do que foi solicitado, mas não tudo. Nesse caso você pode fazer uma contraproposta e dizer que ficaria feliz em ajudar em determinada parte, mas que não poderia ajudar em tudo.

Se a pessoa não aceitar sua contraproposta encerre o assunto rapidamente com uma frase curta do tipo, "que pena, mas dessa forma eu não posso ajudar" ou com um simples "Ok". Mais uma vez, quanto mais breve e objetivo, melhor.

Eu sugiro que você reflita sobre as situações mais comuns que acontecem com você e que gostaria de dizer não. Pense nos pedidos que são feitos a você com mais frequência e que acabam tomando muito do seu tempo e imagine formas diferentes de negar esses pedidos. Se gostar da ideia, você pode até mesmo ensaiar suas respostas.

Lembre-se, você é responsável pelo uso do seu tempo e ele é o recurso mais valioso que você possui, portanto não desperdice seu tempo apenas para agradar as outras pessoas. Vou reforçar mais uma vez, a ideia aqui não é incentivar que você minta, mas sim, que você valorize mais o seu tempo.

FORÇA DE VONTADE E DETERMINAÇÃO

Pare de se queixar do que não tem e comece a criar o que quer.
- *Phil McGraw*

Todas as pessoas que conseguem realizar mais e alcançar seus objetivos têm um ponto em comum. Mesmo cada uma dessas pessoas sendo diferentes fisicamente, com níveis educacionais diferentes, e morando em lugares diferentes.

O ponto em comum entre todas elas, é a força de intenção. Um sentimento de convicção e força de vontade que as fez acreditar em si mesmas e em seus potenciais de mudança para iniciarem sua jornada.

Infelizmente esse nível de intenção mais forte não é natural em todas as pessoas. A boa notícia é que a intenção funciona como um músculo do nosso corpo, e pode ser fortalecida com exercícios específicos.

E por que é importante saber e se preocupar com isso?

Porque é a intenção que fornece a energia para que você trabalhe e busque níveis mais altos de performance. Se não fosse a intenção, a convicção de que é capaz de melhorar e a força de vontade você não teria nem mesmo adquirido este livro.

É a intenção que te faz acreditar que pode fazer as coisas.

Você pode aumentar seu nível de intenção, convicção e força de vontade através de 4 pontos:

1. Foco nos resultados

2. Filtro de pensamentos negativos

3. Visualização

4. Emoção

Ter foco nos resultados significa não se preocupar com os detalhes do processo. Inicialmente você deve focar nos resultados que você quer ter, sem se preocupar em como vai fazer para conseguir isso, apenas pense no que você gostaria de alcançar.

Quando você estabelece um objetivo, sempre aparecem os pensamentos negativos de fraqueza que interrompem seu fluxo mental.

Esses pensamentos podem surgir da sua cabeça ou por influência do que outras pessoas dizem, e é aí que entra o filtro de pensamentos negativos. Deixe passar apenas os pensamentos positivos que fortalecem sua intenção. Filtre os pensamentos e comentários negativos.

Diversos estudiosos ao decorrer da história têm falado do poder de pensar de forma positiva, e vários estudos recentes no campo da física quântica e psicologia positiva também têm mostrado que o pensamento interfere diretamente nos resultados das nossas ações.

A visualização consiste em você se imaginar como se já tivesse alcançado aquele objetivo que definiu. O cérebro não consegue distinguir entre uma lembrança e uma cena imaginada, ele reage da mesma forma nas duas situações. Assim todo seu corpo recebe uma carga positiva que o deixa mais preparado e disposto a trabalhar.

E para fixar todos esses elementos em sua mente usamos a emoção. Não adianta apenas você imaginar que conseguiu, você precisa se sentir como se já tivesse conseguido. Ao se visualizar, imagine uma cena colorida, com uma música agradável de fundo, com movimentos e principalmente com sensações.

Quanto mais real for a cena que você imaginar, melhor seu corpo vai responder. E por isso é tão importante o uso de emoções.

Enquanto a intenção, a convicção e a força de vontade conferem a você a força adequada para iniciar, a determinação, que compreende persistência e a disciplina vão manter você no caminho até que consiga concluir o seu objetivo.

Toda vez que você experimenta um momento de conquista seu cérebro libera um hormônio chamado dopamina, que tem sido cada vez mais conhecido como molécula da motivação.

A dopamina é responsável pelo nosso sistema de prazer e recompensa. Ela nos permite ter sentimentos de prazer, felicidade e até mesmo euforia. Em contrapartida, pouca dopamina pode nos deixar fora de foco, desmotivados, apáticos e até mesmo deprimidos.

Para conseguir manter a energia da determinação ativa e a dopamina em um nível saudável é importante que você comemore cada etapa concluída, e não deixar para comemorar apenas no final.

Mas não basta apenas comemorar com um "Yes". É importante que você estabeleça para si mesmo pequenos prêmios a cada nova etapa concluída. Esses prêmios podem ser comer um docinho, tirar um tempinho para relaxar, tomar uma bebida, um suco ou um drink, ouvir uma música bacana, assistir a um vídeo engraçado, motivacional, ou comprar um pequeno presente para si mesmo.

O importante é mostrar para seu cérebro subconsciente que vale a pena continuar trabalhando, pois, a cada etapa concluída, ele vai poder desfrutar de momentos de prazer.

Persistência, disciplina e comprometimento fazem parte da determinação, e mais à frente você vai descobrir como desenvolver cada um desses elementos para continuar forte no caminho em busca dos seus objetivos.

PARTE 2.
VITALIDADE

ALIMENTAÇÃO PRODUTIVA

O tempo é sempre certo para fazer o que está certo.

- Martin Luther King

O que exatamente queremos dizer quando falamos de uma alimentação produtiva?

A alimentação produtiva se refere aos alimentos que de alguma forma contribuem para uma maior performance cerebral e física. Ou seja, uma alimentação produtiva é aquela em que a dieta contenha nutrientes que ajudem o corpo e principalmente o cérebro a terem um melhor desempenho.

Para entender melhor a alimentação produtiva, vamos começar pelo conceito de macronutrientes.

Macronutrientes são os componentes fundamentais da alimentação para os organismos. Para nós, seres humanos, os principais macronutrientes são as proteínas, os lipídios e os carboidratos.

As proteínas têm papel fundamental na comunicação entre as células do nosso corpo. Quanto melhor a comunicação celular, mais rápida e clara são as respostas do cérebro aos desafios que enfrentamos.

Os lipídios atuam principalmente no sistema nervoso central, auxiliando na estrutura de envio e receptação de estímulos químicos e elétricos dos neurônios e neurotransmissores do cérebro.

Os carboidratos são responsáveis principalmente pelo fornecimento de energia para o organismo. É muito comum as pessoas pensarem nos carboidratos como vilões do ganho de peso, mas isso depende do tipo de carboidratos, uma vez que existem carboidratos de cadeia simples e de cadeias complexas.

Nós não vamos nos aprofundar muito nesse assunto, então de forma resumida, os carboidratos de cadeia simples são rapidamente digeridos e absorvidos, o que pode elevar os níveis de glicose no sangue. Esse tipo de carboidrato está presente no açúcar, mel, balas, macarrão, arroz, pães, farinha branca e derivados.

Já os carboidratos de cadeia complexa são formados pela união de várias estruturas de carboidratos, geralmente associados a fibras; por isso têm digestão mais lenta, e são mais indicados para o consumo. São encontrados nos grãos, farinhas integrais e nas frutas. Os especialistas indicam que a melhor forma de consumir os carboidratos e as fibras das frutas é as comendo na forma natural.

Além dos macronutrientes eu quero falar com você sobre 3 nutrientes, o ômega 3, os flavonoides e a gordura saturada.

O ômega 3 é um tipo de gordura conhecido como ácido graxo essencial, por ser essencial para a manutenção da nossa saúde. O corpo humano não produz ômega 3, e por isso precisa obtê-lo através da alimentação.

O ômega 3 é benéfico para o bom funcionamento do coração e todo o sistema circulatório, além de auxiliar no sistema imunológico, na redução do colesterol ruim e da pressão arterial. Alguns estudos indicam que o ômega 3 também é benéfico para o humor e auxilia no aprendizado.

As melhores fontes de ômega 3 são os peixes principalmente o Arenque, a Sardinha, o Salmão, o Atum e o Bacalhau. Ah uma dica! Não frite os peixes, pois esse processo destrói o ômega 3, além de não ser a opção mais saudável, não é mesmo?

Você também pode encontrar o ômega 3 nas sementes de linhaça, nas castanhas, nozes e também nos vegetais de folhas verde escuro como o espinafre, brócolis e a salsa.

Os flavonoides melhoram a função cognitiva, a transmissão sináptica (que é a comunicação entre os neurônios) e promovem um efeito vascular, aumentando o fluxo de sangue, nutrindo e oxigenando melhor o cérebro.

O efeito mais importante dos flavonoides é a propriedade antioxidante, que combate os radicais livres do corpo humano, desintoxicando o organismo, e aproveitando melhor os nutrientes.

Os alimentos ricos em flavonoides são o chá preto, o branco e o verde, a soja, é óbvio que o óleo de soja não se inclui aqui.

Os flavonoides também são encontrados nas frutas vermelhas como o morango a amora e framboesa. Também o alho, a maçã, as uvas e seus derivados, incluindo o vinho e também o chocolate. O mais indicado é o chocolate amargo, com pelo menos 50% de cacau.

Apesar da fama de má, a gordura saturada é importante para o nosso corpo. Ela é fonte de energia, fornecendo cerca de 9 calorias por grama, e tem boas doses de vitaminas e ácidos graxos essenciais, responsáveis por manter as paredes das células funcionando em boas condições.

No entanto, quando consumida em excesso, a gordura saturada prejudica a função cognitiva e aumenta o colesterol ruim, que se deposita nas artérias, elevando o risco de problemas no coração. Ela é encontrada principalmente em produtos de origem animal, como a carne, nas peles das aves, na manteiga e laticínios como queijos.

O mais indicado é que o consumo desses alimentos seja em porções bem pequenas, uma ou duas vezes durante a semana.

Ter e manter uma alimentação saudável é um fator importante para conseguir melhorar seu desempenho, afinal, você só vai conseguir aumentar sua produtividade se tiver a energia suficiente para executar suas tarefas. E a alimentação é a base de tudo isso.

COMO SE ALIMENTAR BEM

O melhor lugar para ter sucesso é onde você está, com aquilo que você tem.
- *Charles Schwab*

Você já ouviu que quanto mais colorido forem os alimentos do seu prato, mais saudável é a refeição?

Pois é, isso é verdade. E é baseado nisso que eu quero te apresentar uma forma muito simples de manter uma alimentação mais saudável, usando a dieta cromática.

Mas antes é importante esclarecer um ponto: Dieta é o conjunto de alimentos e bebidas ingeridos por uma pessoa. Então mesmo que você não se alimente de forma adequada, o conjunto de tudo o que você come e bebe é considerado uma dieta. É sempre aconselhável que você consulte um especialista, o intuito aqui é apenas mostrar como você pode se alimentar de forma mais saudável de um jeito simples.

A ideia básica por trás dessa dieta é a variação de alimentos. Quando você se acostuma a comer apenas alguns alimentos, o seu corpo pode acabar acumulando alguns nutrientes e sentindo falta de outros, afinal, não existe uma variação para compensar as sobras e as faltas.

Na "dieta cromática", o ideal, além das cores, é variar os alimentos escolhidos para representar cada cor. Embora existam propriedades nutricionais comuns aos alimentos de cada coloração, cada alimento tem nutrientes específicos.

A dieta cromática é muito fácil de ser implementada. Os alimentos são divididos em seis grupos de cores diferentes. Estes alimentos são introduzidos na alimentação, ou seja, você continua comendo fontes de carboidratos e proteínas como você já está acostumado, mas passa a comer, também, mais frutas e verduras.

Os seis grupos, ou cores básicas da dieta são: vermelho, verde, branco, marrom, amarelo e preto ou roxo.

No grupo vermelho, a substância mais comum é o licopeno, que é um pigmento natural com ação semelhante ao betacaroteno. Normalmente aparece associado à vitamina C. Juntos tem efeito antioxidante que, entre outros benefícios, colabora na prevenção contra o stress e até do câncer.

Principais alimentos: Caqui, cereja, framboesa, goiaba, melancia, morango, nectarina, pitanga, romã e tomate, beterraba e pimentão vermelho.

No grupo verde, o pigmento de destaque é a clorofila que é considerada um potente energético celular. Ingerir folhas verdes aumenta a oxigenação das células e melhora o metabolismo da energia. Outro efeito da clorofila é potencializar alguns nutrientes encontrados nos vegetais, como a vitamina C.

Principais alimentos: Folhas verdes, como acelga, alface, repolho, salsa, agrião, chicória, couve, espinafre, rúcula, escarola e manjericão, além de abacate, abobrinha, quiabo, pimentão verde, brócolis, vagem, kiwi, ervilha, limão e pepino.

O grupo branco tem como destaque a flavina, que indica alimentos ricos em minerais, carboidratos, vitamina B6 e sulfeto de dialilo, um grande inimigo de substâncias cancerígenas. Todos esses nutrientes auxiliam a renovação celular e protege o sistema imunológico. Além disso, nesse grupo também é comum encontrarmos cálcio e fósforo.

Principais alimentos: Alho, banana, batata, cebola, couve-flor, feijão branco, maçã, pera, palmito, chuchu, cogumelo, mandioca, nabo e rabanete.

O grupo marrom é rico em fibras, que ajudam a regular o funcionamento do intestino e controlam o colesterol e o diabetes. Algumas sementes desse grupo são fontes de selênio e vitamina E, que têm efeito antioxidante e são aliados contra a fadiga.

Principais alimentos: Cereais integrais (aveia*, arroz integral, cevada*, centeio*, granola, quinoa) e sementes oleaginosas (amêndoa, avelã, castanha-do-pará, nozes, pinhão, pistache, gergelim, girassol, macadâmia, e castanha de caju).

*Portadores de Doença Celíaca não devem consumir aveia, cevada e centeio, bem como outros produtos que contenham esses cereais adicionados. Pois, assim como o trigo, esses três cereais possuem glúten. Para mais orientações sobre outros produtos que devem ser evitados e seus possíveis substitutos, procure um nutricionista.

Os alimentos amarelos são ricos em vitamina C, que participa da síntese de colágeno e tem ação antioxidante contra os radicais livres. A cor amarelada dos alimentos vem do betacaroteno ou provitamina A, que é fundamental para a manutenção dos cabelos e tecidos do corpo, além de ser benéfico para os olhos.

Principais alimentos: Abacaxi, manga, maracujá, melão, milho, abóbora, ameixa, caju, carambola, damasco, cenoura, laranja, mamão, pimentão amarelo e tangerina.

Os alimentos com uma tonalidade mais escura, do grupo preto ou roxo são ricos em antocianina, um tipo de pigmento ligado à vitamina B, e que é um elemento essencial para transformar carboidratos e outros nutrientes em energia. A falta de vitamina B1 pode levar a falta de apetite e perda de peso.

Principais alimentos: Alcachofra, ameixa, amora, berinjela, feijão-preto, figo, jabuticaba, uva e repolho roxo.

Para colocar essa dieta em prática o indicado é que você inclua em cada uma das suas refeições pelo menos 3 cores diferentes, e que durante o dia você consuma alimentos de pelo menos 5 cores diferentes. Como falei, tão importante quanto variar as cores é variar os alimentos de cada cor.

Por exemplo, ao consumir a cor vermelha, não utilize apenas tomate, alterne com beterraba ou pimentão. Por mais que esses alimentos pertençam ao grupo vermelho e sejam ricos em licopeno, possuem nutrientes diferentes entre si.

Essa é considerada uma das dietas mais completas e simples que existe. Espero que você possa aproveitar e tornar sua alimentação mais saudável a partir de agora.

COMO TER UMA BOA NOITE DE SONO

Produtividade nunca é um acidente. É sempre o resultado de comprometimento com a excelência, planejamento inteligente e esforço focado.
- Paul J. Meyer

O sono afeta diretamente a sua capacidade de trabalhar bem. Sendo assim, a falta de sono pode limitar ou afetar os resultados que você alcança durante o dia.

Um estudo realizado pela divisão de medicina da Universidade de Harvard mostrou que não dormir por tempo suficiente pode levar à obesidade, doenças cardíacas e até diabetes. Também pode afetar o sistema imunológico, ou seja, você fica mais vulnerável e pode adoecer com mais facilidade.

A questão é, se você quer ser mais produtivo, precisa se concentrar em ter uma quantidade adequada de sono.

Vamos ver algumas dicas que você pode colocar em prática para dormir melhor e produzir mais.

A primeira dica é que você precisa ter uma rotina para dormir, no capítulo condicionamento veremos mais detalhes sobre rotina, mas o que você precisa saber agora é que o seu cérebro tem uma grande capacidade de se acostumar com determinadas condições.

Quando você se acostuma a dormir sempre no mesmo horário, fica mais fácil de pegar no sono e dormir por mais tempo.

Talvez você tenha que experimentar dormir em horários diferentes para encontrar aquele em que consegue descansar melhor. Tudo vai depender das suas atividades. O ideal é que você tente ao máximo adaptar as suas atividades ao seu horário de sono.

É claro que isso nem sempre é possível, mas é importante que você respeite seu relógio interno.

Determine um horário para ir dormir e um para acordar, e siga isso de forma consistente, assim seu corpo terá a chance de se adaptar.

Além dos nutrientes fundamentais para o bom funcionamento do corpo que conhecemos no último tópico, também existem alguns nutrientes que ajudam o corpo a relaxar e dormir melhor.

Os dois principais são o triptofano e a serotonina.

O triptofano é um aminoácido que ajuda na formação da serotonina e facilita a liberação de componentes energéticos para manter a vitalidade do organismo. Ele pode ser encontrado principalmente em queijos, prefira os queijos brancos que têm menor quantidade de gordura, no amendoim, na carne de frango, no ovo, na ervilha e no peixe pescada.

A serotonina é um neurotransmissor que atua no cérebro regulando o humor, o sono e outras funções. Não existe alimentos que nos forneçam a serotonina pronta. Ela é produzida principalmente através do triptofano, que acabamos de conhecer.

Para garantir uma melhor noite de sono, também é importante evitar bebidas com alto nível de cafeína como refrigerantes de cola, energéticos e café, alimentos com muita gordura ou ricos em fibras, pois a digestão desses alimentos é mais lenta e interfere na produção da serotonina, por isso não consuma esses produtos antes de dormir.

Uma última dica é se preparar para dormir desligando computadores e tvs pelo menos uma hora antes de se deitar, e isso inclui seu celular ouviu!

Nesse tempo antes de dormir aproveite para colocar uma música mais calma, trocar de roupa, escovar os dentes e ler um pouco. Só não vale dormir com o livro nas mãos.

Além dessas dicas, gostaria de propor uma atividade bem tranquila para você fazer antes de dormir.

É bem simples, sempre que estiver deitado, pense nas coisas positivas que aconteceram com você durante o dia. Pode ser qualquer coisa, desde ter encontrado com um velho amigo até ter achado uma moeda no sofá, ter concluído aquele projeto ou alcançado uma meta.

O simples ato de pensar em coisas positivas ajuda na formação de serotonina e na liberação de endorfina, que é um outro hormônio do corpo e que é responsável pela sensação de satisfação e felicidade.

Se você tem dificuldade para relaxar existe uma técnica que pode te ajudar a dormir rapidamente, estou falando da técnica 4-7-8.

Esta técnica trata de corrigir a forma como respiramos no momento de dormir. Na cama tendemos a respirar mais rápido e menos profundamente do que deveríamos. Isso faz com que os níveis de gases se concentrem em proporções inadequadas no sangue, e a técnica devolve a concentração normal de gases gerando um estado de relaxamento para o corpo.

A prática é bastante simples:

1. O primeiro passo é inspirar pelo nariz por 4 segundos

2. Mantenha o ar nos pulmões durante 7 segundos

3. Expire todo o ar dos pulmões durante 8 segundos

4. Repita o processo até adormecer.

Estudos mostram que essa técnica já era utilizada por antigas culturas orientais, que há muito tempo já sabiam da importância da respiração para o relaxamento do corpo.

Dormir bem é fundamental para o funcionamento do seu corpo. Se você não estiver descansado, será muito difícil conseguir ser mais produtivo. Espero que com essas dicas você consiga ter uma noite de sono mais tranquila e revigorante.

ADICIONANDO DISPOSIÇÃO AO SEU DIA

Aconteça com as coisas, não deixe apenas as coisas acontecerem com você.

- Stephen Covey

É muito comum que quando alguém fale sobre exercícios físicos, as pessoas já imaginem ter que ir para a academia, correr todos os dias ou praticar algum esporte ou arte marcial.

A verdade é que para você estar em forma, com a saúde física bacana e ter mais disposição para as atividades diárias, você não precisa ir tão longe.

O objetivo desse tópico não é fazer você correr para uma academia ou se inscrever numa aula de karatê. O que eu quero mostrar é que você pode praticar exercícios físicos supersimples e ser mais saudável.

A única coisa que você precisa fazer é estabelecer o objetivo de se exercitar e se comprometer com esse objetivo.

Nesse tópico você vai conhecer estratégias simples para começar a se exercitar hoje mesmo, e não importa se você acha que não tem tempo para isso, lembra que você está lendo esse livro exatamente para fazer o que é importante para sua vida, e ser saudável definitivamente é importante.

Vamos tomar como princípio a Regra de Ouro. Ou seja, a única regra que existe aqui é que você precisa testar e ver o que funciona para você.

Não vamos falar aqui de detalhes técnicos e específicos dos exercícios, por mais que eu sugira algumas atividades, o foco é ajudar você a desenvolver o hábito de se exercitar independentemente do tipo de exercício que você escolher.

O primeiro passo para começar a se exercitar, é definir qual é o seu objetivo, o que você espera alcançar com isso? Pode ser que você queira apenas aumentar sua disposição, pode ser que você queira aproveitar para definir seus músculos ou perder peso.

Definir o que você espera vai ajudar você a escolher melhor o exercício.

Outra coisa que você precisa definir é quanto tempo você tem disponível? Ou melhor, quanto tempo você quer dedicar aos seus exercícios?

Responda com sinceridade e comece devagar. Você sempre vai poder ajustar o ritmo e o tempo dos exercícios.

Agora que você já definiu o que espera dessa atividade e quanto tempo você pretende dedicar, precisa escolher o tipo de exercício, que pode ser cardiovascular, aumento de resistência e força ou flexibilidade e equilíbrio.

A atividade cardiovascular aumenta a frequência cardíaca e a oxigenação do sangue, melhorando a resistência, a respiração e a capacidade pulmonar. Exercícios como corrida e caminhada ou pular corda são ótimas opções, pois são simples e não precisam de nenhum equipamento mais complexo, apenas um tênis confortável e um local seguro e tranquilo. Pode ser um parque, uma praça, em uma rua mais tranquila perto da sua casa. Só tente evitar avenidas ou locais muitos movimentados.

Exercícios para aumento de resistência e força melhoram a postura, a resistência física e a saúde dos nossos ossos, além de ajudar a queimar gordura e desenvolver massa magra, ou seja, ajuda a definir os músculos. Levantamento de peso e crossfit são boas opções.

E por fim, temos os exercícios de flexibilidade que ajudam a melhorar o movimento dos tendões e articulações, e os de equilíbrio, que ajudam na coordenação motora e na agilidade. Exercícios de equilíbrio são bastante indicados para pessoas mais velhas, pois ajudam a prevenir quedas.

Para melhorar sua flexibilidade, os exercícios mais indicados são os alongamentos e a Ioga. Para o equilíbrio, exercícios de step e agachamentos são muito bons.

Para que você tire maior proveito dos seus exercícios, é importante que escolha um local adequado para praticar seus exercícios, que pode ser uma academia, um parque, ou até mesmo na sala da sua casa. O importante é que você tenha espaço suficiente para poder se movimentar livremente.

Como falei no início do tópico, a ideia aqui é despertar sua consciência para a importância de praticar exercícios físicos. Praticar exercícios físicos, além de melhorar sua saúde vai proporcionar a você mais disposição para executar suas tarefas do dia a dia tornando-se mais produtivo.

Por último, é importante que você respeite sua própria capacidade física. Não se esforce demais, eu aconselho que você converse com alguém da área de treinamento físico para receber orientações mais detalhadas de como começar a praticar seus exercícios.

CRIANDO O HÁBITO DE SE EXERCITAR

Falta de direção, não falta de tempo, é o problema.
Todo mundo tem dias de 24 horas.

- *Zig Ziglar*

Como veremos no capítulo sobre condicionamento, não há nada que você não possa fazer se conseguir criar o hábito certo, dessa forma, sem um hábito estabelecido, é muito difícil que você consiga prosseguir com qualquer prática que necessite de constância para gerar resultados relevantes, e a prática de exercícios físicos é um exemplo disso.

No capítulo sobre condicionamento veremos com maiores detalhes como estabelecer ou modificar um hábito, mas por agora, quero compartilhar com você algumas dicas simples e práticas para conseguir desenvolver o hábito de se exercitar diariamente.

O primeiro passo é a educação, você precisa se educar para o novo hábito. Isso significa que você precisa estudar sobre o exercício que você quer praticar. Procure por sites e blogs que falem sobre exercícios, especialmente o que você quer praticar. Busque por livros que tratem disso, outra ótima opção é procurar por cursos específicos. Quanto mais você conhecer sobre seu exercício, melhor serão seus resultados. Apenas cuide para não ficar apenas estudando e acabar procrastinando seus exercícios, conhecimento bom é aquele que é posto em prática.

Durante a sua pesquisa é muito provável que você descubra outras opções de exercícios que chamem a sua atenção, isso não é um problema, você pode escolher um exercício diferente daquele que tinha em mente no começo, o mais indicado é que você comece com um exercício e pratique até se habituar, e aí comece o outro. Vá devagar e pratique um de cada vez. A constância é muito mais importante do que a quantidade de exercícios ou tipos que você vai praticar.

Incorporar o hábito de se exercitar todos os dias demanda disciplina, ainda mais se é a primeira vez que você está praticando exercícios regularmente, por isso é importante que você deixe seu programa de exercícios o mais simples possível.

Não adianta querer transformar sua vida radicalmente do dia para a noite. Isso raramente funciona, raramente mesmo. Reforçando mais uma vez, comece devagar. Comece com um tempo de 10 a 15 minutos por dia durante a primeira semana, e vá aumentando esse tempo gradativamente.

A maioria das pessoas desistem dos exercícios porque tentam estabelecer o hábito da forma errada, eles já de cara colocam um ritmo muito forte. Não cometa esse erro.

Muitos estudos indicam que para que um hábito seja incorporado é necessário um período de pelo menos 21 dias consecutivos. Então faça um plano de treino de pelo menos 21 dias. Eu sugiro 30 dias.

E para garantir que você vai conseguir manter a prática durante todos esses dias quero te apresentar uma técnica muito simples, mas extremamente eficaz, chamada ancoragem de hábito.

A ancoragem de hábito consiste em ligar o hábito que você quer criar, a um hábito ou rotina que você já possua, e que você já faça de forma natural.

Para isso temos uma fórmula bastante simples que é DEPOIS QUE EU [sua âncora] EU VOU [seu novo hábito].

Para que essa fórmula funcione bem, você precisa definir o período do dia em que quer começar a se exercitar e identificar um hábito automático que já faça parte da sua rotina naquele horário.

Crie sua declaração de novo hábito usando a fórmula, por exemplo: Depois que eu escovar os dentes de manhã, eu vou pular corda por 15 minutos no quintal de casa. Outro exemplo: Depois que eu chegar em casa do trabalho eu vou caminhar por 20 minutos na praça aqui do bairro.

Seja específico na sua declaração e o seu cérebro vai lembrar de fazer seu novo hábito automaticamente.

Mais adiante você vai conhecer outras técnicas para estabelecer ou modificar um hábito, por hora essas dicas já são suficientes para começar a criar o hábito de se exercitar diariamente, melhorando sua saúde e aumentando sua disposição.

INTRODUÇÃO À MEDITAÇÃO

A mais alta das torres começa no solo.
- Provérbios chinês

A meditação oferece vários benefícios ao corpo e à mente. Alguns estudos têm mostrado que o nível de relaxamento obtido durante a meditação é mais profundo do que o sono. E quanto melhor é o seu relaxamento, maior a sua disposição.

A meditação libera o estresse acumulado, ao mesmo tempo em que prepara sua mente para prevenir o estresse futuro.

Quando estressado o cérebro libera cortisol, que está associado à morte de neurônios e a inibição do nascimento de novas células nervosas.

Isso significa que um corpo estressado tende a produzir menos e com menor qualidade.

Testes feitos com veteranos de guerra provaram que o cérebro de pessoas que passam por um alto nível de estresse, ou que são expostas a um nível de estresse moderado, mas por um período muito longo, apresentavam uma quantidade consideravelmente menor de células nervosas no cérebro, ocasionando perda de memória e diminuição da performance intelectual.

Com a prática regular da meditação nós conseguimos diminuir a ansiedade, aumentar a estabilidade emocional, aumentar a criatividade e a alegria, desenvolver a intuição, ter mais clareza e paz mental.

Durante a meditação, o padrão de ondas do seu cérebro muda de Beta para Alfa, que é uma frequência mais lenta, e é quando você pode experimentar uma sensação de paz e bem-estar.

Apenas alguns minutos de meditação por dia já são suficientes para promover uma melhora geral da disposição física e mental.

É importante que você tenha em mente que a meditação deve ser algo voluntário, a vontade de meditar deve partir do seu interior, caso contrário, se for algo imposto, a tendência é de que você não consiga bons resultados.

Reserve um local e horário para meditar, como veremos no capítulo sobre condicionamento, a mente responde muito bem quando criamos padrões de local e horários para nossas atividades, como sugestão, o quarto de dormir é um excelente local para começar a praticar meditação.

Quando você pratica meditação, seu único objetivo é silenciar a mente, é parar com a sucessão de pensamentos e com a agitação.

Há muitas formas possíveis de meditar, mas uma das mais fáceis (especialmente quando você é um iniciante) é a meditação da respiração. Ela treina a atenção, e fortalece o poder de concentração.

Enquanto você medita vai perceber que muitos pensamentos invadem sua mente e perturbam sua concentração. Não se preocupe, isso é perfeitamente normal, acontece com todas as pessoas.

A meditação da respiração é uma das mais simples e mais usadas. Para começar, se acomode numa posição confortável, mas não confortável demais para não adormecer. Você não precisa se sentar naquela posição de ioga para meditar, basta uma cadeira simples ou qualquer lugar onde você possa se sentar com as costas apoiadas e eretas. Mantenha a cabeça e o pescoço alinhados com a coluna.

Mantenha também os olhos fechados até o final da meditação.

Comece prestando atenção na sua respiração. Perceba o fluxo de ar que entra e que sai dos seus pulmões. Não precisa controlar a respiração. Respire naturalmente, só preste atenção no ar que entra e sai do seu corpo.

Enquanto medita, você só precisa prestar atenção à sua

respiração. Quando perceber um pensamento tentando roubar sua atenção, apenas foque suavemente na sua respiração.

Durante a meditação, todos os pensamentos, os desejos, os projetos, as lembranças, as sensações que forem diferentes da sua respiração serão consideradas distração.

Livre-se destes pensamentos. Tudo o que vier à sua mente e desviar a atenção da sua respiração deve ser eliminado sutilmente. Mas não se preocupe se você não conseguir manter seu foco todo na respiração, como dissemos isso é normal. A concentração na sua respiração será cada vez mais fácil com a prática.

Para ajudar na sua concentração, repita a palavra "dentro" quando você inspirar e "fora" quando você expirar. Faça com que essas palavras sejam as únicas coisas na sua mente durante a meditação.

Lembre-se de que o foco deve ser a respiração, e não as palavras. Perceba o que você sente quando inspira e quando expira. Esteja consciente de cada movimento. Observe toda a respiração, cada respiração.

Você pode praticar por cerca de 15 minutos diariamente. Com o passar dos dias, se concentrar e se acalmar será cada vez mais fácil e relaxante.

Se você desejar uma experiência ainda mais relaxante, eu separei um áudio e o coloquei disponível na sessão de downloads para que você o deixe tocando durante a meditação.

Esse áudio é baseado na Ressonância de Schumann que induz o cérebro a entrar no padrão alfa de pensamento facilitando o relaxamento.

Espero que tenha bons resultados com a meditação.

PARTE 3.
ELIMINAÇÃO E SIMPLICIDADE

ESTABELECENDO LIMITES

O risco surge quando você não sabe o que está fazendo.
- Warren Buffett

Em nenhum outro momento da história da humanidade as pessoas puderam realizar tantas coisas diferentes em espaços de tempo tão curtos.

Em contrapartida, em nenhum outro momento as pessoas se queixaram tanto de sobrecarga de tarefas. É comum que as pessoas não se sintam realizadas, apesar de viverem uma vida agitada onde fazem milhares de coisas. Estão apenas fazendo uma coisa atrás da outra sem que consigam sentir realmente que estão realizando algo de importante para suas vidas.

Se você já se sentiu, ou se sente assim, sabe o que quero dizer.

Tudo isso ocorre porque foi difundida e estabelecida uma cultura de que as pessoas, para serem reconhecidas e notadas, precisam realizar cada vez mais, conquistar cada vez mais. E isso não é verdade.

Realizar é importante, mas, mais importante é o que você realiza.

É aqui que entra o conceito de eliminação e simplicidade. Eliminar e simplificar sua vida não significa ter uma vida vazia, uma vida mais ou menos. Na realidade, quando você elimina tarefas e simplifica as que restam, sobra muito mais recursos para focar sua atenção e conseguir realizações muito mais significativas.

Estabelecer limites vai te ajudar a administrar sua própria vida e diminuir o stress causado pelo excesso de tarefas.

A vida tem se tornado cada vez mais complexa, são cada vez mais informações, pessoas, atividades, tecnologias e conexões. E como já sabemos, não temos tempo para acompanhar tudo isso, e a frustração nasce da tentativa de fazer tudo o que aparece pela frente.

A liberdade e facilidade de consumir e adquirir as mais variadas coisas pode parecer muito atrativa no começo, mas a longo prazo você acaba percebendo que isso tudo é algo que suga nossa energia e nos deixa vulneráveis, cansados e sem forças para fazer o que é realmente importante.

A variedade de opções e escolhas nem sempre é uma vantagem, isso confunde demais nossos sentidos e vai diminuindo nosso potencial de produtividade uma vez que para realizar todas essas coisas, nosso tempo vai sendo consumido pouco a pouco.

Os limites servem para que você consiga controlar a sua vida mais facilmente.

Se eu te perguntasse quanto é o seu salário, ou qual é o seu ganho mensal com o seu negócio, com certeza você poderia responder isso.

As pessoas sabem quanto custa o que querem comprar, quanto vão precisar gastar em uma viagem, quanto dinheiro precisam para pagar suas contas, ou para comprar uma nova tv.

No entanto, o tempo é algo muito mais valioso do que o dinheiro, e mesmo assim, é algo que as pessoas não se preocupam em controlar e gerenciar de forma consciente.

Estabelecer limites vai te possibilitar produzir muito mais, quando nos dedicamos a muitas coisas ao mesmo tempo, os resultados normalmente são pequenos, afinal, são muitas atividades para gerenciar ao mesmo tempo.

O tempo é o bem mais valioso que você pode possuir. Todas as áreas da sua vida em que se sentir sufocado precisam ter limites. Talvez você tenha pensado em várias áreas em que se sente sobrecarregado, mas você não pode mudar tudo de uma vez.

Não existe uma regra, cada pessoa é diferente, e você é a pessoa mais indicada para dizer o que funciona melhor para si mesmo. Você deve decidir qual área precisa de uma mudança mais urgente e começar por ela.

Pare um minuto e reflita:

- Qual é a área da sua vida que consome mais tempo? É a área profissional? Familiar? Pessoal?
- O que exatamente tem consumido seu tempo a ponto de atrapalhar seu desempenho em outras atividades?

Essa pergunta é ótima para fazer você entender melhor sua situação e perceber onde precisa criar limites.

Estabelecer novos limites não é algo difícil, no entanto isso vai contra os hábitos que você já possui, por isso, talvez você precise de um tempo para se acostumar.

Para estabelecer limites você deve, em primeiro lugar, observar e refletir sobre as atividades de cada área da sua vida, e reconhecer quais estão tomando mais tempo.

Por exemplo, se você perde muito tempo navegando na internet, descubra quanto tempo isso consome, vamos supor que seja cerca de 3 horas por dia, e você quer estabelecer um novo limite, que tal 2 horas ou uma hora e meia por dia?

Comece devagar, não adianta estabelecer um limite de 30 minutos apenas, isso é muito diferente do hábito que você já tem. Vá com calma. O mais importante é ter consistência.

Faça um teste de pelo menos uma semana e confira o resultado. Lembre-se de se concentrar em uma mudança de cada vez, até que ela seja incorporada naturalmente à sua vida e se torne um hábito.

Se o resultado nessa primeira semana não for o que você esperava, ajuste novamente o limite até que ele funcione.

Depois que você aprender a estabelecer limites, vai descobrir como tirar o melhor proveito deles, reduzindo suas atividades ao que é realmente essencial.

A ARTE DE FAZER O QUE É IMPORTANTE

Pense como uma pessoa que age. Aja como uma pessoa que pensa.
- Henry Bergson

Saber direcionar seu foco para o que é importante e que realmente vai lhe trazer resultados é um princípio básico da produtividade.

Já dissemos antes que estar ocupado e apenas sair fazendo várias coisas não resolve seu problema de falta de produtividade, pelo contrário, só faz você perder mais tempo.

Ter consciência de que você não tem que fazer tudo o que aparece na sua frente pode ser o detalhe que fará toda a diferença.

Quando você descobre o que realmente é importante na sua vida, você passa a lidar melhor com o fluxo de tarefas e de informações que surgem a cada minuto.

Tenha em mente uma coisa: você não pode fazer tudo. Por isso sempre se questione: o que é realmente essencial agora? Essa simples pergunta pode fazer você economizar um tempo precioso.

Para descobrir quais são as tarefas realmente importantes, você pode responder essas perguntas mentalmente ou escrever em uma folha de papel.

1. O que você está prestes a fazer é uma necessidade ou um desejo?

E aqui cabe uma observação, no início, a tendência é que você responda que tudo se trata de uma necessidade, mesmo que não seja, isso acontece porque você precisa se sentir bem e acaba mentindo para si mesmo. Nós já vimos isso anteriormente. Pense e responda com sinceridade.

2. O que você quer fazer agora vai ajudar você de alguma forma a alcançar seu objetivo?

3. A tarefa que você está prestes a começar precisa ser feita integralmente da forma como você imagina, da forma como você está acostumado, ou poderia ser simplificada?

4. Dentro dessa tarefa, qual é a parte ou o detalhe que causa mais impacto a longo prazo?

Aprender a fazer o que é importante não é uma questão apenas de ser mais produtivo, é uma necessidade vital, é uma questão de aproveitar melhor a sua própria vida.

O MODELO EDT
ELIMINAR / DIMINUIR / TERCEIRIZAR

A distância entre o sonho e a realidade chama-se disciplina.
- Bernardinho

Até aqui nós vimos como preparar nossa mente e corpo, agora vamos entender como, de fato, podemos agir para aumentar o nível de produtividade.

Antes de começar a falar sobre o que fazer para aproveitar melhor o tempo, é importante saber como não desperdiçar tempo. Como disse Steve Jobs, decidir o que não fazer é tão importante quanto decidir o que fazer.

O modelo EDT consiste em 3 etapas, eliminar, diminuir e terceirizar, e que podem aumentar seu nível de produtividade quase que instantaneamente.

O primeiro passo é criar uma lista com as coisas que você quer eliminar da sua vida imediatamente.

Essa lista deve relacionar todas as atividades que consomem seus recursos e não oferecem nenhum retorno positivo. Eliminar atividades inúteis por si só já fará com que você tenha mais tempo útil para focar no que realmente traz benefícios para você. Agora veja bem, a melhor pessoa para estabelecer o que é uma atividade inútil e que deve ser eliminada é você mesmo. Não espere que alguém faça isso por você.

O segundo passo é definir quais atividades no seu dia você quer diminuir. Seja diminuir o tempo gasto, a intensidade ou a frequência.

Todos sabemos que hoje é praticamente impossível não se conectar à internet, aliás, é muito comum atribuir à internet o fato de as pessoas estarem mais dispersas, mas precisamos ser sinceros, a internet não é a vilã, o problema é o exagero.

O que falta com relação à essas atividades, é o autocontrole. Não há mal nenhum em jogar vídeo game, se distrair navegando na internet, ou assistir televisão, o problema acontece quando essas atividades fogem do controle e tomam o tempo de algo realmente importante.

Agora o próximo passo é terceirizar. Relacione as atividades que não precisam ser feitas necessariamente por você, ou nas quais você não precisa estar presente 100% do tempo e busque pessoas que possam te ajudar ou que possam fazer essas coisas por você.

É óbvio que você não vai conseguir terceirizar tudo o que você quer, e nem vai conseguir se livrar de todas as atividades chatas, isso faz parte do processo, e é bom que você tenha isso em mente, você vai ter que fazer coisas de que não gosta, a vida é assim.

No entanto, se você conseguir terceirizar uma pequena parte das suas atividades, isso já vai representar um ganho significativo de tempo e produtividade.

Mas aqui vai um alerta, não tente se livrar das suas responsabilidades, a ideia aqui é otimizar seu tempo, e encontrar formas de realizar uma tarefa de uma forma mais prática, e para isso, a pessoa que vai realizar alguma tarefa para você também precisa ganhar, também precisa ter alguma vantagem com isso, caso contrário, não faz sentido, isso não pode ser injusto com ela.

Agora separe um tempo de 10 a 20 minutos para refletir e aplicar esse método. Relacione as atividades que você quer eliminar, as que deseja diminuir e quais podem ser terceirizadas.

ELIMINANDO AS DISTRAÇÕES E INTERRUPÇÕES

Se você não se vê como vencedor, então não agirá como um.

- Zig Ziglar

Você não vai conseguir se concentrar e agir de forma produtiva se não criar as condições adequadas para ser produtivo. Isso é um fato.

Para usar seu potencial de produtividade você precisa de um ambiente livre de distrações.

Existem duas fontes de distrações que podem atrapalhar a sua concentração, a interna e a externa.

A fonte de distrações internas pode ser dividida em física e mental.

Você não pode ser produtivo se estiver com fome, com sono, cansado ou preocupado com alguma coisa. Para conseguir bons resultados em qualquer coisa que faça, seu corpo e sua mente devem estar preparados para trabalhar de maneira focada.

Como nós acabamos de ver no capítulo sobre a vitalidade, a alimentação, o sono, e a disposição física são fundamentais para a produtividade. E se você cuidar desses aspectos da sua vitalidade, já terá eliminado a sua fonte interna de distrações físicas.

Cuidar do aspecto mental talvez seja mais delicado. A distração mental pode ocorrer caso seu interesse pela tarefa não seja suficiente para manter sua concentração.

Mas você pode dizer, "Ah! O que acontece é que isso que eu

tenho que fazer não é interessante".

Você não pode esperar que as coisas se tornem interessantes para você, você é quem precisa criar a condição de interesse.

As distrações mentais são um reflexo de defesa do cérebro quando ele entende que determinada tarefa tem o potencial de desperdiçar energia, e é justamente isso que acontece quando você faz algo sem interesse, você desperdiça sua energia.

É claro que em alguns casos, nós somos obrigados a trabalhar em condições físicas que não são as mais adequadas. Isso é verdade. Mas o importante é que você trabalhe para que isso não se torne algo comum, você precisa assegurar suas condições físicas e mentais com prioridade.

Então temos as fontes de distrações externas. Aqui nós temos que redobrar nossa atenção, pois as fontes externas são enormes consumidoras de produtividade.

Redes sociais, e-mails, joguinhos, sites de vídeos e conversas com pessoas desocupadas são as maiores e mais perigosas fontes de distração externa.

Se você acha que essas distrações não são assim tão ruins, com certeza você nunca fez as contas de quanto tempo perde por dia com elas.

Toda vez que você é distraído por alguma coisa, isso interrompe a sua linha de raciocínio, e mesmo quando você volta à sua tarefa, seu cérebro precisa de um tempo para conseguir se concentrar novamente.

Alguns estudos mostram que esse tempo pode ser de 5 até 25 minutos, dependendo do nível de concentração e dificuldade da tarefa.

Por isso é extremamente importante que você evite ao máximo as distrações e interrupções se quiser garantir uma maior produtividade.

Em primeiro lugar, você precisa organizar seu espaço, tire todos os itens desnecessários da sua mesa ou do seu local de trabalho. Deixe apenas o que você realmente for usar.

Sempre que for trabalhar, silencie as notificações de mensagens do seu computador e seu celular. Você não precisa verificar a cada 15 minutos para ver se chegou alguma coisa nova. Determine horários para fazer essas verificações, uma vez pela manhã, por volta das 10 e uma a tarde, por volta das 16 horas. Verificar suas mensagens duas vezes por dia é mais do que suficiente, a não ser que você trabalhe com atendimento de alguma empresa ou serviço.

Uma coisa muito importante é evitar o contato com aquelas pessoas que estiverem desocupadas enquanto você precisa trabalhar. Converse com seus amigos e familiares e explique a eles que você precisa se concentrar naquele momento.

Sempre que estiver se preparando para trabalhar em uma tarefa pergunte a si mesmo se suas condições físicas e mentais estão favoráveis. Caso não estejam, pense em como poderia melhorar isso.

Como já falamos antes, em alguns casos não será possível eliminar todas as fontes de distração, mas não permita que isso se torne uma desculpa.

Caso a fonte de distração seja interna, reflita sobre o problema e pense em uma forma de resolver isso. Se você sabe que suas condições físicas ou mentais não estão adequadas, isso é praticamente um convite à procrastinação. Depois não tente justificar seus adiamentos.

Uma dica que pode ajudar bastante é relaxar um tempinho mínimo de 10 minutos antes de iniciar um trabalho. Sente-se em uma cadeira com encosto ou em um sofá, feche os olhos e respire profunda e lentamente. Isso vai diminuir sua pressão sanguínea e baixar sua temperatura corporal. Dessa forma seu corpo começa a trabalhar em um nível mais baixo de desgaste e aumenta a capacidade de concentração.

Todas essas dicas podem parecer muito óbvias, e na verdade são mesmo. E talvez, justamente por serem tão óbvias, ainda são os maiores ladrões de produtividade.

A LEI DE PARKINSON

Devíamos ser ensinados a não esperar por inspiração para começar algo. Ação sempre gera inspiração. Inspiração raramente gera ação.
- Frank Tibolt

Um trabalho se expande de forma a preencher todo o tempo disponível para ele.

O que isso quer dizer? Bom, você tem apenas quinze minutos para terminar de escrever um texto antes de ir trabalhar, e consegue escrever.

Agora você tem uma hora livre para escrever o mesmo texto, adivinha o que vai acontecer? Pois é, você vai levar uma hora para escrever o texto.

Isso significa que normalmente uma tarefa vai consumir todo o tempo que for destinado a ela.

Essa é a lei de Parkinson. E você pode usar ela ao seu favor, para concluir suas tarefas sem desperdiçar tempo.

É bastante simples. Tudo o que você precisa fazer é determinar um prazo para suas atividades que seja menor do que o normal.

Todos nós podemos fazer as coisas em menos tempo do que já fazemos, só precisamos mudar nossa mentalidade e trabalhar esse ponto. Por isso, diminua o prazo do que precisa fazer, e faça. Não tem nenhum segredo.

Comece diminuindo seus prazos em 10 a 20%. Teste e veja como ficam seus resultados.

Com a prática você vai saber quanto tempo demora para fazer cada atividade. Use isso para criar prazos cada vez menores, até conseguir atingir o limite. Se desafie a fazer as coisas no menor tempo possível sem comprometer os seus resultados.

O PRINCÍPIO DA DOSE MÍNIMA EFICAZ

> *Se você quer atingir uma meta, você deve primeiro se imaginar alcançando, antes de realmente alcançar.*
>
> - Zig Ziglar

A Dose mínima eficaz é um conceito simples, poderoso e que pode ser aplicado em qualquer área da sua vida.

A definição da dose mínima eficaz de alguma coisa é, simplesmente, o mínimo necessário para que você obtenha o resultado desejado. Mais do que isso, além de ser desperdício, pode trazer problemas sérios dependendo do que você esteja fazendo.

Para ficar mais claro, imagine que você tenha que ferver um pouco de água em uma panela. A água ferve a 100°C, dependendo da altitude em que você estiver, isso significa que se você manter a chama do fogão a 99°C, você não vai ter água fervida. 100°C é a dose mínima eficaz para se ferver a água, menos do que isso não dará certo, e mais do que isso é desperdício de energia, ou seja, se a temperatura for de 110°C por exemplo, isso não vai deixar a água mais fervida. 100°c é o suficiente. É o mínimo necessário.

A DME está ligada intimamente com a consistência. Você conhece alguém que começou a frequentar uma academia, na primeira semana arrebentou, pegou pesado no treinamento, e na segunda semana parou?

Isso acontece porque essa pessoa exagerou na dose, excedendo o limite do esforço que poderia fazer.

Pode ser que você conheça alguém que tenha feito isso, ou talvez você mesmo tenha passado por isso.

Uma sequência de exercícios leves a moderados, a longo prazo, oferece melhores resultados do que uma sequência de alto impacto de curto prazo.

E isso acontece com praticamente tudo o que você faz na vida, não serve apenas para exercícios. O que realmente importa é manter um ritmo e ser consistente.

Dependendo do que você estiver fazendo, é possível encontrar a DME através de testes, ou se perguntando: o que eu poderia diminuir nesse processo sem que o resultado final fosse comprometido?

Todos nós cometemos excessos algumas vezes, seja fazendo coisas demais ou com intensidade muito alta esperando obter resultados maiores. Na verdade, isso acaba apenas consumindo nossos recursos mais rapidamente, esgotando nossa disposição e força de vontade.

A moderação é um ponto indispensável para manter a consistência. É claro que existem os picos de intensidade, onde você pode aumentar um pouco a força e a energia utilizada em determinada tarefa, seja para potencializar os resultados ou finalizar rapidamente aquela atividade.

No entanto, manter um ritmo muito forte por um longo período, causa mais danos do que benefícios. O segredo para que você siga no caminho firme e forte é dar sempre um passo de cada vez, com moderação, buscando sempre a dose mínima eficaz e sendo consistente.

PARTE 4. PLANEJAMENTO

CONCEITUANDO PROJETOS

*Não pense por muito tempo; faça.
Mas não faça por muito tempo; pense.*
- Confúcio

De acordo com a definição mais utilizada, projeto é um plano geral elaborado para se realizar alguma coisa.

Tudo pode ser visto como um projeto. Todos os momentos da nossa vida, cada acontecimento faz parte de um projeto. Tudo o que acontece está relacionado a um momento de início, meio ou fim.

Quando se pensa em ser mais produtivo, o que se espera na realidade é poder concluir cada um desses projetos da melhor forma possível. E se você não consegue acompanhar o desenvolvimento do seu projeto, é muito provável que você se perca durante o caminho, o que significa, ter menos produtividade.

Utilizar uma metodologia de gerenciamento de projetos, garante um bom acompanhamento de ações e metas, pois, apenas com acompanhamento é possível ajustar os detalhes e alcançar os resultados esperados.

Um projeto é dividido em objetivos, metas e ações.

Os objetivos são descrições concretas de onde está se querendo chegar, ou o que está se tentando alcançar.

Um objetivo pode ser cursar uma nova faculdade, emagrecer, melhorar a vida financeira, casar, ter filhos, começar um hobby. O objetivo são os sonhos, o que nos move e o que nos motiva.

As metas são as divisões de um objetivo. Para ficar mais claro, um objetivo é o propósito de um projeto, é aquilo que se deseja alcançar, enquanto as metas são as etapas que devem ser cumpridas para se alcançar o objetivo.

Por exemplo, se o seu objetivo é ficar rico, sua meta será traçar caminhos que te levarão à riqueza, como administrar melhor seu dinheiro, criar uma fonte de renda extra nos próximos cinco anos. E para cada uma dessas metas, é necessário estabelecer um prazo.

As ações, que também podem ser chamadas de tarefas ou atividades, são as menores partes de um projeto. São as ações que efetivamente fazem um projeto ser concluído. É o que faz a coisa toda andar.

Para entender melhor a relação entre ações, metas, objetivo e projeto, imagine que as ações são pequenos blocos, pequenos tijolos, e que a cada dia você coloca vários blocos, um na frente do outro, criando várias fileiras, uma em cima da outra.

Quando você empilha muitos blocos, e cria várias fileiras, você forma uma parede. Várias paredes formam um pequeno cômodo, que pode ser uma sala ou quarto. Cada cômodo seria uma meta concluída.

E o objetivo seria uma grande casa, com vários cômodos, que é construída e cresce com o passar do tempo.

Entendeu a ideia?

Um projeto, na realidade, nada mais é do que um conjunto de metas e ações para atingir um objetivo definido.

E como você pode imaginar, se esses blocos e paredes não forem bem colocados, você corre o risco de ver seu cômodo ou até sua casa toda desmoronar.

A seguir vamos ver como formular suas metas para que a estrutura do seu projeto seja a mais firme e resistente possível.

FORMULANDO METAS

Uma meta adequada já é meio caminho.
- Zig Ziglar

Como acabamos de ver, um projeto é uma grande e complexa estrutura formada de metas e ações.

As ações são as menores partes dentro de um projeto, elas são como os blocos de uma casa.

Uma meta bem formulada não garante apenas que seu projeto possa ser acompanhado, como também, garante que as ações tenham coerência, grudando um bloco no outro, de forma que sua parede seja bem firme.

A produtividade surge da capacidade de gerenciar pequenas ações, de forma que as metas sejam atingidas utilizando o mínimo de recursos possível, e atinjam o máximo em resultados.

Em outras palavras, gerenciar um projeto, independente do seu tamanho e complexidade, é na verdade gerenciar várias pequenas ações que juntas vão dando forma ao projeto, é isso que faz de você uma pessoa produtiva.

Todo projeto precisa de metas bem formuladas e detalhadas. "Eu quero morar em uma casa bonita" é um belo sonho, um bom objetivo, agora, "eu quero ser dono de uma casa de três quartos e dois banheiros no litoral norte de São Paulo no prazo de dois anos" isso é uma meta bem definida.

O grau de clareza da sua meta influencia diretamente na motivação e realização do projeto.

Um método bastante utilizado para formular metas é o S.M.A.R.T. De maneira simples e bastante prática, esse método utiliza práticas para planejar e gerenciar metas pessoais ou profissionais.

SMART, que significa esperto em inglês, é um acrônimo que representa as 5 características essenciais para uma boa meta. São elas:

S: Específica (Specific)

Quando uma meta é específica significa que ela é clara e detalhada, evitando possíveis erros de interpretação ou falhas na execução. A intenção é facilitar ao máximo a criação do plano de ação, que veremos mais à frente, o gerenciamento e acompanhamento de todas as tarefas.

As principais perguntas que podem te ajudar a definir uma meta específica são: O que, ou qual? Por quê? Quem? Onde? Como?

Por exemplo, se a sua meta for mudar de emprego, as perguntas podem ficar assim: Qual emprego exatamente estou procurando? Por que estou querendo mudar de emprego? Quem pode me ajudar? Onde quero trabalhar? Como posso me preparar para conseguir isso?

M: Mensurável (Measurable)

Toda meta precisa ser mensurável. Este é um critério importante para saber quando ela realmente foi alcançada. Se a meta não pode ser medida, ela não pode ser acompanhada, e isso quer dizer que ela nunca será alcançada.

Por exemplo, "Eu quero perder 10 quilos apenas mudando minha alimentação em 3 meses" isso é uma meta definida e mensurável, pois você tem pontos de referência para medir seu desempenho. Ou seja, durante os três meses de dieta você pode ir medindo o quanto de peso você vai perdendo. Entendeu?

As perguntas que você pode fazer para definir uma meta mensurável são: "Quanto vai custar isso? Seja o custo financeiro ou um sacrifício pessoal. Baseado em qual valor eu vou saber que essa meta foi atingida? O que deve acontecer para eu poder considerar essa meta concluída?

A: Alcançável (Attainable)

Ter uma meta difícil demais pode ser desmotivador, assim como uma meta fácil demais.

Uma pergunta que pode te ajudar a definir uma meta alcançável é: Numa escala de 0 a 10, em qual nível eu me encontro para a realização dessa meta?

Como referência, se você responder que está no nível 0 significa que você não tem nenhuma chance de alcançar essa meta. Do nível 1 ao 3, a meta representa um grande desafio. Do nível 4 ao 6 representa um desafio moderado. Já do nível 7 ao 10, a meta não representa uma grande conquista, será relativamente fácil conseguir fazer.

Não existe um nível de dificuldade padrão para as metas que precisamos atingir, tudo dependerá diretamente da sua mentalidade. O ponto aqui é que você precisa estar ciente do nível de dificuldade que vai enfrentar para poder se preparar da melhor forma.

R: Relevante (Relevant)

Uma meta relevante é aquela que ao ser concluída produz resultados importantes, e que ajudam, ou facilitam na conclusão de outras metas.

Para saber o quão relevante pode ser uma meta, faça a seguinte pergunta: Que vantagem a conclusão dessa meta vai trazer e que vou poder usar em outros projetos?

T: Temporal (Time-bound)

Todo projeto está inserido em uma visão, que pode ser de curto, médio ou longo prazo. As metas e objetivos também devem seguir esse raciocínio. E é por esse motivo que toda meta precisa de um prazo, inicial e final. Situar sua meta dentro de um período de tempo e definir se ela deve ser concluída em um curto, médio ou longo prazo é fundamental para que você possa organizar cada passo de forma eficaz e que possa também executar da melhor forma possível.

Não cometa o erro de deixar suas metas abertas, sem uma data limite para serem realizadas. A falta de prazo gera uma zona de conforto no cérebro e diminui consideravelmente as chances de conclusão.

Além disso temos que considerar o prazo, que precisa ser realista e coerente com a sua situação. Se você trabalha meio período e ganha um salário mínimo, não tem como conseguir juntar 1 milhão de reais até o final do ano. Dê a si mesmo o tempo suficiente para alcançar seus objetivos.

As perguntas que você deve fazer para definir o prazo de uma meta são: Qual o prazo para concluir essa meta? Até quando posso conseguir realizar isso?

Definir metas é um ponto chave para se tornar uma pessoa mais produtiva. No entanto não basta apenas definir e esperar as coisas acontecerem magicamente, é necessária ação, é preciso agir de forma planejada e organizada, e veremos como conseguir isso a partir de agora.

GERENCIANDO PROJETOS – PLANO DE AÇÃO

Atingir um objetivo que você não tem é tão difícil quanto voltar de um lugar para onde você nunca foi.
- *Zig Ziglar*

Depois de formular as metas, precisamos organizar as ações e começar a agir.

O plano de ação descreve as ações que precisam ser realizadas para alcançar determinada meta. O gerenciamento de um plano de ação deve apresentar um escopo e o uso de recursos.

O Escopo de um plano de ação é a relação de todas as atividades necessárias para se alcançar determinada meta. No escopo as atividades são organizadas em grupos que representam as metas do projeto.

Quais recursos serão necessários? Bem, dificilmente um plano de ação sairá de graça. Mesmo que não tenha um custo em dinheiro, com certeza você precisará de recursos humanos, ferramentas ou conhecimento que também contam como custo.

Para tornar o seu plano de ação visível utilize uma tabela de datas-chave. Essa tabela é uma forma de monitorar o progresso do seu projeto, é uma ferramenta bastante simples de ser usada.

Na primeira coluna descreva as atividades de cada meta. Na segunda coluna escreva quais serão os recursos utilizados, e em seguida o prazo previsto e o prazo real da sua tarefa.

É interessante reservar um espaço para fazer comentários sobre a atividade.

É óbvio que sempre podem surgir imprevistos e uma mudança nos planos será inevitável. É por isso que você precisa fazer o acompanhamento do plano de ação e dos resultados de cada tarefa concluída, assim é possível fazer alterações no plano de ação conforme necessário.

Lembre-se de criar um plano de ação que esteja alinhado com seus pontos fortes, e que respeite seus pontos fracos.

Um plano de ação por si só não trará resultados, é claro que você precisa agir. No entanto, quando você deposita energia em uma ação que dará resultados apenas depois de um certo tempo, você acaba fazendo uso exclusivamente da sua força de vontade, e ela é limitada.

Por esse motivo, paralelo ao plano de ação, crie um plano de recompensas que vai servir como uma fonte para recarregar sua força de vontade e sua energia. Não pense que isso é conversa fiada, várias pessoas, todos os dias, falham em alcançar seus objetivos por perderem o entusiasmo de continuar.

A motivação é um tipo de energia que precisa ser recarregada frequentemente para você poder continuar firme com o seu propósito. Não subestime a necessidade de comemorar cada ação bem-sucedida, e cada meta alcançada.

O cérebro é um sistema incrível, mas ele precisa ser recompensado por um bom trabalho para continuar.

Você pode usar pequenas recompensas como assistir um filme depois de um dia duro de trabalho, tomar um sorvete, sair com os amigos, tirar um tempo para passear e se descontrair, enfim, crie suas recompensas com base naquilo que você gosta, mas que não tem tido tempo suficiente para fazer.

O importante é que você comemore cada vitória, e não se julgue se cometer um erro, procure sempre aprender com eles, pois são os melhores professores que você poderia ter.

ORGANIZANDO E PRIORIZANDO SUAS TAREFAS

Não há problemas em reclamar do trabalho. Mas trabalhe antes. Só assim suas queixas terão fundamento.

- Sócrates

Nós já aprendemos como funciona um projeto e como formular nossas metas, agora, precisamos organizar e priorizar nossas ações para garantir que nosso foco vai ser direcionado às atividades que realmente trarão resultados, para isso vamos utilizar a Matriz de Eisenhower.

A matriz de Eisenhower talvez seja a técnica de administração de tarefas mais conhecida dentro do campo da produtividade.

Dwight Eisenhower foi um general de cinco estrelas do Exército Americano que se tornou presidente dos EUA em 1953. Foi ele quem disse que: "O que é importante é raramente urgente, e o que é urgente é raramente importante".

Só podemos gerenciar nosso tempo e nos tornar mais produtivos, se soubermos priorizar o que é importante, ao invés de desperdiçar nosso tempo com as urgências que não param de aparecer.

A matriz é uma grade composta por quatro áreas. Basicamente, o que temos de fazer é distribuir todas as nossas atividades ao longo dos quatro quadrantes da matriz, de acordo com os critérios de urgência e importância.

Funciona assim:

No quadrante 1 devem estar todas as tarefas que são importantes, mas que por imprevistos, falta de prevenção ou mal-uso do tempo, se tornaram urgentes. Prazos finais, emergências de saúde, alguns telefonemas, falhas mecânicas, consertos de última hora. Aqui não tem muito o que fazer: resolva o problema na hora. Delegue algumas das tarefas, se for possível, e organize as outras por ordem de prioridade.

Aprenda a superar essas urgências sem dedicar a elas todo o seu tempo disponível. Uma dica é evitar ao máximo a criação de novas urgências. Por exemplo: cuidados preventivos evitam muitas emergências médicas; não deixar um trabalho para a última hora evita correria para cumprir prazos. Quando a maioria das nossas tarefas estão nesse quadrante, tendemos a nos sentir estressados e ansiosos, muitas vezes por vivermos apenas administrando problemas e nos movendo de uma crise para outra.

No Quadrante 2 são relacionadas as tarefas importantes, que ainda estão dentro do prazo para serem concluídas. Por não serem urgentes, é comum que acabem recebendo pouca atenção da maioria das pessoas, mas é o quadrante mais importante da matriz. Aqui entram atividades como gestão e execução de planejamentos, prevenção (manutenção do carro, exercício físico, check-ups médicos), ações importantes para seu negócio, manutenção de relacionamentos amorosos ou familiares, cultivar amizades, metas de longo prazo, sonhos e projetos pessoais. O tempo gasto nesse quadrante é o que mais gera qualidade de vida.

No Quadrante 3 vão ser incluídas as tarefas urgentes, mas sem importância. O quadrante 3 é o que mais suga o tempo que poderia ser produtivo. Aqui estão as tarefas que fazemos para agradar amigos e familiares, reuniões inúteis, interrupções e a maioria dos telefonemas e e-mails. Quem tem grande parte de suas atividades nesse quadrante tende a se sentir improdutivo. Afinal, o tempo gasto com essas atividades te deixa totalmente ocupado, mas nem um pouco produtivo.

Por fim, para o Quadrante 4 vão as atividades que não possuem urgência e nem importância. Atividades que não são urgentes nem importantes são perda de tempo e devem ir direto do quadrante 4 para o lixo.

Exemplo: excesso de televisão, navegar sem rumo pela Internet, checar as atualizações das redes sociais a todo instante, e-mails publicitários ou sem utilidade. É claro que em alguns momentos essas atividades podem ser realizadas sem nenhum problema, desde que não tomem o tempo de uma atividade importante, mas gaste nelas o mínimo de tempo possível.

Afinal, esse tempo vai ser muito mais produtivo se for investido no quadrante 2, onde a gente também pode incluir os hobbies. Quando dedicamos muito tempo as atividades do quadrante 4, acabamos perdendo prazos de entrega, esquecendo de coisas importantes e perdendo oportunidades.

Com organização e planejamento, é possível resolver 80% das atividades em 20% do tempo disponível. Ou seja: se você dedicar 20% do seu tempo para as tarefas urgentes, sobra 80% para investir nas atividades importantes.

A aplicação deste princípio é simples: elabore uma vez por semana um cronograma de planejamento, distribuindo as tarefas no quadro e respeitando a proporção 80/20 (80% das suas atividades devem estar no quadrante 2). É difícil no começo, mas com persistência e disciplina a organização vai se tornar natural e você vai evitar muitas urgências simplesmente por ter investido mais tempo no que é importante, como por exemplo, organizar melhor suas tarefas.

Seguindo essa linha de raciocínio, chegamos à seguinte conclusão: esgote o quadrante 1 o mais rápido possível, foque a maior parte da sua atenção e dos seus esforços para o quadrante 2, fuja do quadrante 3 quando for possível e não abra espaço e nem perca tempo com as atividades do quadrante 4.

O PRINCÍPIO DE PARETO

Meça duas vezes. Corte uma vez só.
- Harrison Ford

O Princípio de Pareto (ou princípio 80/20) foi criado pelo economista italiano Vilfredo Pareto. A lei diz que: 80% das consequências são resultantes de 20% das causas. Para entender melhor, deixa eu te dar alguns exemplos:

De acordo com algumas pesquisas: 80% da riqueza mundial está nas mãos de 20% das pessoas;

20% dos países são responsáveis por 80% da poluição mundial;

80% das vendas de uma loja são feitas por 20% dos vendedores.

Se fizer uma análise você vai ver que 20% das suas atividades consomem 80% do seu tempo. É verdade que existem momentos do dia que não podemos evitar, como comer, dormir ou tomar banho. Contudo, se você quer melhorar sua produtividade, analise as atividades que mais consomem o seu tempo e que dão menos resultados.

- Será que assistir aquela novela vai te trazer algum retorno?
- Será que ler e-mails sobre curiosidades é tão importante?
- Será que ficar descendo a linha do tempo infinita do Facebook contribui para os seus objetivos?
- Será que checar as notificações do celular a cada 15

minutos vai te ajudar a ser mais produtivo?

Algumas pessoas reclamam que não tem tempo e não sabem como vão lidar com tantas atividades durante o dia.

Se fizer esta análise, você vai ver que existem momentos do dia que a sua produtividade está próxima do nível zero. Você pode pensar que pequenas distrações como as que eu acabei de citar não consomem tanto tempo assim, mas a verdade é que quando elas são somadas acabam fazendo o seu precioso tempo desaparecer.

É claro que nem sempre tudo vai se resumir a 80/20, o percentual pode variar entre 75/25, 70/30, mas, o importante é buscar sempre o mínimo de esforço para o máximo de resultado, poupando seu tempo e sua energia.

Encontre as atividades que mais te dão resultados, e procure uma forma de investir a maior parte do seu tempo nelas, assim você vai conseguir potencializar seus resultados fazendo cada vez menos coisas. No próximo tópico nós vamos entender melhor como aplicar esse conceito.

TRABALHANDO EM BLOCOS DE TEMPO

Sucesso é o impulso com que você pula depois que bateu no fundo.
- George Patton

Uma sugestão para organizar seu dia é trabalhar com blocos de tempo.

Você pode criar uma tabela simples com os dias da semana e divida em três períodos, manhã, tarde e noite.

Neste cronograma você deve utilizar apenas os períodos em que não tiver nenhuma tarefa agendada. Marcando com um "x" os períodos em que você já tem alguma atividade fixa ou que não pode ser mudada. Se você preferir, marque também as atividades pessoais que você tiver, assim, você terá todas suas atividades relacionadas em um único lugar.

Os blocos de tempo dentro desses períodos podem ser de 30, 60, 90 ou 120, dependendo da sua disponibilidade e disposição. Feito isso, relacione todas as atividades que você precisa fazer e as distribua entre esses períodos.

É claro que você não precisa (e nem deve) trabalhar por longos períodos de uma vez só, o aconselhável é que você não ultrapasse 120 minutos. Sempre reserve intervalos de pelo menos 15 ou 20 minutos para descanso a cada hora, ou entre cada atividade.

Sempre deixe seu cronograma em um local visível, e que você possa consultar rapidamente. Pode ser na porta da geladeira, do guarda-roupa, ou ao lado do seu computador.

Sempre que for trabalhar, organize seu espaço antes, e deixe todos os materiais que vai usar ao alcance das mãos.

Mantenha seu cronograma atualizado, sempre que concluir uma

atividade anote. Da mesma forma, se não for possível executar o que estava programado, no dia ou na hora programada, atualize para um novo dia e horário.

Ao criar um cronograma, leve em consideração os períodos do dia em que você é mais produtivo. Quais os períodos em que você se sente mais disposto? Qual período da sua rotina é mais tumultuado? Onde você está em cada período?

De manhã está em casa ou trabalhando? Seu dia é mais agitado no final da tarde? No começo da manhã?

Essas informações vão te ajudar a distribuir melhor as suas atividades respeitando o seu tempo e disponibilidade.

Ah, e não esqueça das atividades que precisam de um tempo e atenção específicos, mas que não são consideradas atividades comuns, elas fazem parte da sua rotina, dormir, comer, o tempo que você leva indo de casa para o trabalho ou escola, enfim, as atividades básicas da sua vida.

Agora que você já entendeu como organizar suas tarefas em blocos de tempo, eu vou te dar uma dica de como você pode se concentrar melhor enquanto estiver realizando essas tarefas, estou falando da técnica Pomodoro.

A técnica do Pomodoro foi criada em 1992 por Francesco Cirillo. Durante o tempo de faculdade, ele tinha muita dificuldade para se concentrar. Depois de vários estudos e de tentar melhorar o seu método, ele conseguiu chegar a uma técnica que o permitiu ser muito mais produtivo, trabalhando mais focado e sem se distrair.

Você pode usar essa técnica em conjunto com o cronograma que acabamos de conhecer, e um temporizador.

Coloque o temporizador para tocar o alarme em 25 minutos e trabalhe na sua tarefa. Quando o timer tocar, faça uma pausa curta (5 minutos) e parta para mais um período de trabalho de 25 minutos. A cada quatro períodos, ou a cada quatro "pomodoros", faça uma pausa mais longa, de 30 minutos a 1 hora.

Se durante o tempo de 25 minutos que o timer estiver rodando, você tiver uma ideia ou se lembrar de outra coisa que precisa fazer, não interrompa o seu trabalho – anote para lembrar depois e continue. Ao anotar esses pensamentos que apareceram durante a atividade, você vai perceber que muitas vezes a falta de concentração acontece porque permitimos que pensamentos paralelos nos distraiam.

No final do ciclo, durante os intervalos de descanso, é possível avaliar melhor a "lista de atividades paralelas" e perceber que grande parte dos itens anotados ali não é urgente e muito menos importante, e não ia valer a pena interromper sua atividade por causa deles.

Utilize essa lista paralela como instrumento de aprendizagem e de auto avaliação, para que no futuro, você consiga eliminar os maus hábitos durante seus períodos de trabalho.

Para praticar essa técnica você poderá usar um cronômetro simples, marcando os períodos de trabalho e de descanso.

Outra alternativa bastante prática é baixar para o seu celular algum aplicativo que ofereça essa função. Nesses aplicativos você pode definir o tempo que quiser para cada período de trabalho, ou seja, para cada Pomodoro.

Além disso, você pode acompanhar o seu desempenho com as opções de estatísticas que eles oferecem.

O interessante é que você adapte a técnica ao seu ritmo. Faça testes e descubra qual o tempo ideal para cada ciclo de trabalho.

A ideia mais importante aqui é a regra de ouro: o melhor método de produtividade é aquele que funcionar melhor para você.

Por isso experimente técnicas diferentes, encontre aquela com a qual você mais se identificar, e se for necessário, faça adaptações até que você tenha um método totalmente personalizado e funcionando 100% para você.

A TÉCNICA DO POMODORO

Pergunte a si mesmo: A minha atitude vale a pena ser imitada?
- Zig Ziglar

A técnica do Pomodoro foi criada em 1992 por Francesco Cirillo. Durante o tempo de faculdade, ele tinha muita dificuldade para se concentrar.

Depois de olhar para o temporizador da mãe dele que estava em cima da geladeira, ele imaginou se poderia usar aquele temporizador com formato de tomate para estudar sem parar durante 10 minutos. Para isso, pegou timer em formato de tomate (que é Pomodoro em italiano) e marcou os dez minutos.

E para sua surpresa, ele conseguiu ler sem parar durante aqueles dez minutos. Depois de vários estudos e de tentar melhorar o seu método, Cirillo conseguiu chegar a uma técnica que o permitiu ser um estudante muito mais produtivo.

E como usar a técnica do Pomodoro?

Você deve fazer uma lista do que precisa estudar. Você pode usar o seu temporizador se tiver um em casa. Mas se não tiver, você pode instalar um temporizador digital no seu celular, ou usar um online pelo computador. Você pode acessar os links desses temporizadores digitais ou fazer o download deles:

Online – http://goo.gl/VMe4oi

Para IOS – https://goo.gl/ZqwQ6m

Para Android – https://goo.gl/FA97L2

Coloque o temporizador para tocar o alarme em 25 minutos e

trabalhe na sua pesquisa. Quando o timer tocar, faça uma pausa curta (5 minutos) e parta para mais um período de estudo de 25 minutos. A cada quatro períodos de estudo, ou a cada quatro "pomodoros", faça uma pausa mais longa.

Se durante o tempo de 25 minutos do timer, você tiver uma ideia ou se lembrar de outra coisa que precisa fazer, não interrompa o seu estudo – anote para lembrar depois e continue estudando. Ao anotar essas atividades que apareceram durante o estudo, percebemos que muitas vezes a falta de concentração ocorre apenas porque permitimos que pensamentos paralelos nos distraiam.

Após o término do ciclo, ou seja, durante os intervalos de descanso, é possível avaliar melhor a "lista de atividades paralelas" e perceber que grande parte dos itens marcados ali não é urgente e realmente não valeria a interrupção. Utilize essa lista paralela como instrumento de aprendizagem e de auto avaliação, para que, futuramente, você consiga eliminar os maus hábitos durante seus períodos de estudo.

Pois muitas vezes, paramos de estudar para fazer algo que lembramos, e depois percebemos que isso nem era tão importante assim, e que acabamos apenas interrompendo o estudo, quebrando a concentração.

Para praticar essa técnica você poderá usar um cronômetro simples, marcando os períodos de estudo e de descanso.

Outra alternativa bastante prática é baixar para o seu celular algum aplicativo que ofereça essa função. E normalmente nesses aplicativos você pode definir o período que quiser para estudo.

Além disso, você pode acompanhar o seu desempenho com as opções de estatísticas que eles oferecem. O interessante é que você adapte a técnica ao seu ritmo de estudo. Faça testes e descubra qual o tempo ideal para cada ciclo de estudo com essa técnica.

A ideia mais importante aqui é a regra de ouro de todas as técnicas de estudo: o melhor sistema de estudo é aquele que funcionar melhor para você.

Descubra qual técnica funciona melhor para você, experimente novas técnicas também. Além disso, não se esqueça de que a concentração é algo que qualquer pessoa pode alcançar através da prática.

Treine bastante a técnica que você escolher, e lembre da lista que fez com o que vai motivar você a estudar. Criando um conjunto forte de técnicas, interesse e motivação, o estudo vai acabar se tornando algo muito fácil e agradável para você.

PARTE 5. CONDICIONAMENTO

CRIANDO UMA ROTINA PODEROSA

O problema não é haver problemas. O problema é esperar outra coisa e pensar que ter problemas é um problema.
- Theodore Rubin

Se você já tentou criar uma rotina diária e não conseguiu, não se sinta mal, isso é mais comum do que você imagina.

O segredo é entender como o seu cérebro lida com rotinas, e aí sim, fica tudo mais fácil.

O primeiro problema que as pessoas enfrentam ao tentar criar uma rotina é a fadiga da decisão, ou carga cognitiva. Isso quer dizer que quanto mais decisões você toma no dia, mais cansado fica o seu cérebro, e como uma forma de se poupar, o cérebro começa a recorrer a atalhos.

O cérebro se cansa muito mais rápido do que o corpo. Essa é uma das causas mais comuns de procrastinação. Já foi provado que quanto mais você adia uma decisão, maiores são as chances de decidir pelo caminho de menor resistência. E isso muitas vezes causa problemas.

Estabelecer uma rotina diminui a quantidade de decisões, assim você poupa seu cérebro, ficando com uma maior disposição para tomar decisões importantes.

Existem muitas pessoas que pensam na rotina como algo limitado, que pode acabar criando uma vida monótona. Isso não é verdade. A rotina é algo que existe em todos os lugares e para todas as pessoas, e ela pode ser tanto boa quanto má, você tem o poder de criar sua própria rotina possibilitando seu crescimento pessoal e profissional.

Começar seu dia a partir de atividades fixas, seguindo uma rotina, pode ajudar você a se concentrar e estabelecer o foco de maneira mais tranquila, melhorando seu humor e sua disposição.

Só tome cuidado com a mente de macaco. Mente de macaco é um termo budista que significa inquieto, confuso, incontrolável.

A mente de macaco é um problema sério para a concentração.

Por exemplo, você decide que parte da sua rotina matinal será ler durante 20 minutos todas as manhãs. Aí acontece de antes de começar a ler você dá uma espiadinha nos seus e-mails ou no que seus amigos postaram.

E em uma das mensagem você vê um link para uma matéria, quando está lendo a matéria clica no link de um vídeo, aí depois clica em outro, e assim vai, você acaba perdendo o foco, e quando percebe já passaram os 20 minutos e você não leu nada.

De repente, uma tentativa de criar uma rotina se torna um emaranhado de atividades improdutivas, tudo por conta da mente inquieta de macaco que ficou pulando de uma coisa para outra.

Uma forma de evitar a mente de macaco é estar presente para o que você está fazendo a cada momento.

Diga a si mesmo o que você está fazendo e qual é o seu objetivo naquele momento.

Você começou a ler, então você diz a si mesmo, eu comecei a ler agora e meu objetivo é ler durante 20 minutos, isso faz parte da rotina que quero criar.

Então sempre que você perceber a mente de macaco se pronunciando, repita a si mesmo seu objetivo e elimine os pensamentos que estão te distraindo.

Todos nós sabemos que é difícil manter o foco em uma atividade por muito tempo, ainda mais quando a atividade é nova. Por isso estabeleça um limite pequeno para as atividades que você está tentando adicionar à sua rotina. Você pode aumentar o limite conforme for ficando mais acostumado com essas atividades.

Como nós já vimos, a produtividade não depende apenas de

usar técnicas, depende da sua mentalidade e da sua disposição.

E esses dois pontos, a mentalidade e a disposição, podem ser potencializadas através de uma rotina matinal ou noturna, ou com as duas, o que é ainda melhor.

A rotina matinal serve para despertar e preparar seu corpo e sua consciência para um dia de trabalho. Uma rotina matinal positiva vai te proporcionar começar o dia bem-disposto.

Já uma rotina noturna deve ser relaxante, afinal, seu corpo e sua mente merecem descansar depois de um dia de trabalho.

Existem muitas possibilidades para que você crie uma rotina matinal: preparar uma xícara de chá ou café; ver o nascer do sol; praticar atividade física; ler algo que lhe seja agradável; meditar ou praticar Yoga; fazer uma caminhada, entre muitas outras coisas

Escolha algumas dessas atividades para um primeiro experimento.

Mantenha as coisas simples e não seja excessivo. Se você escolher atividades demais vai deixar sua manhã muito corrida e carregada, e em vez de fazer dela um momento para relaxar e se preparar para um bom dia de trabalho, pode acabar ficando mais estressado.

A rotina noturna deve ser relaxante. O objetivo dela é fechar o seu dia com "chave de ouro", mesmo que o dia tenha sido horrível e repleto de problemas.

A ideia aqui é a mesma da rotina matinal: escolha ou crie algumas atividades que sejam agradáveis para você e monte uma rotina noturna.

Essas são algumas sugestões:

- Jantar com calma ouvindo música;
- Tomar um bom banho;
- Ler;
- Tomar uma xícara de chá;
- Escrever em seu diário, se você tiver um;

- Rever o seu dia e planejar o dia seguinte.

Nas primeiras semanas (talvez até no primeiro mês), quando você ainda estiver experimentando as novidades e ainda estiver em um período de adaptação, a tentação de sair da rotina para fazer alguma outra coisa é bastante forte. Concentre-se na sua nova rotina e coloque o seu foco sobre essas mudanças. Por mais que pareçam atividades simples, você vai perceber com o tempo os benefícios que elas podem trazer para sua vida.

COMO SÃO FORMADOS OS HÁBITOS

Bem feito é melhor que bem-dito.
- Benjamin Franklin

Nossos hábitos nos direcionam e definem nosso destino. E apesar de poderem ser bons ou maus, a verdade é que os hábitos são extremamente importantes em nossas vidas.

Os hábitos são formados através da repetição. Quando repetimos as mesmas ações nas mesmas condições, nós ensinamos ao nosso cérebro um padrão, que acaba se tornando inconsciente, e com o passar do tempo essa resposta acaba se tornando automática.

As ações são a base da formação dos nossos hábitos, e o processo de formação e mudança de hábitos é algo constante em nossa vida, acontece desde que somos bebês e prossegue até o fim da vida. A boa notícia é que podemos interferir diretamente nesse processo.

O hábito é formado por três pontos.

O primeiro ponto é o gatilho. Gatilho é um estímulo que ativa uma determinada reação, e o cérebro procura o hábito mais adequado para usar naquela situação, e a partir daí entrar no modo automático.

O segundo ponto é a rotina. É a sequência de atividades que representam o hábito. As atividades podem ser físicas, intelectuais ou emocionais.

E fechando o ciclo de um hábito, existe a recompensa. A recompensa reforça o hábito, indicando ao cérebro que quando aquele hábito é executado ele recebe algo em troca. Quanto mais se repete um comportamento, mais somos recompensados e mais fortes e automáticos nossos hábitos se tornam.

O hábito, quando formado e incorporado à nossa rotina, tem a capacidade de tirar o nosso poder racional de decisão. Isso não é algo totalmente ruim. A todo momento usamos nossos hábitos automaticamente, e podemos dizer que sem os hábitos a vida seria bem mais complicada. Já imaginou se você tivesse que pensar sobre tudo o que faz, como se fosse a primeira vez que estivesse fazendo?

Mas é claro que tem o outro lado. Os fumantes são exemplos de que os maus hábitos também nos dominam. É normal que, sempre após tomar um café por exemplo, o fumante acenda um cigarro.

Muitas pessoas têm o hábito de fumar depois de tomar café. E quem faz isso não pensa: "puxa, tomei um café, agora é hora do cigarro". Não, se é hora do café, depois é a hora do cigarro. É automático.

O nosso comportamento, as nossas escolhas e ações estão extremamente ligados aos hábitos, desde os exercícios físicos que praticamos (ou não praticamos), nossa alimentação, a forma como trabalhamos, como lidamos com as pessoas, praticamente tudo a nossa volta é fruto de um hábito.

Por isso a nossa intenção é diminuir ao máximo a influência dos maus hábitos e fortalecer os bons, para conseguir viver de uma forma mais equilibrada e positiva.

CRIANDO NOVOS HÁBITOS

*Quem quer fazer algo encontra um meio,
quem não quer fazer nada arranja desculpas.*
- Provérbio popular

Criar ou modificar um hábito é uma coisa relativamente simples, mas nem sempre é fácil.

O grande problema é que nós seres humanos, tentamos sempre economizar o máximo de energia possível e não gostamos de mudanças muito drásticas.

Por isso, o primeiro passo para estabelecer um novo hábito é criar o comprometimento de apenas 30 dias.

Estudos mostram que, se você mantiver um comportamento por 21 dias consecutivos, a probabilidade de ele fazer parte de seus novos hábitos definitivamente é de quase 100%. Logo, três a quatro semanas é o que você precisa para criar um novo hábito.

Se pensarmos que a mudança é temporária, que vai durar apenas esses 30 dias, é muito mais fácil de encarar o desafio. Marque os 30 dias em seu calendário. Lembre-se de não se sobrecarregar tentando criar muitos hábitos de uma só vez. Vá com calma, mas se mantenha constante.

Certo, mas e quando eu conseguir concluir os 30 dias? Ótimo! Que tal completar 31? E 32? Que tal só mais 30 dias?

Constância é um fator vital para estabelecer novos hábitos. Se você pretende começar a fazer ginástica, acordar mais cedo, ou ler um livro importante, faça isso diariamente nos primeiros 30 dias. Praticar apenas uma ou duas vezes por semana dificilmente vai te ajudar a formar um novo hábito.

Além disso, não tente implantar um novo hábito em poucos dias. O excesso de motivação pode fazer com que você exagere e depois desista. Por exemplo, se você pretende estudar inglês duas horas por dia, comece com trinta ou quarenta minutos e depois vá aumentando o tempo de estudo aos poucos, até chegar nas duas horas que você deseja.

Se você está tentando corrigir um mau hábito, você não pode simplesmente abandonar ele, precisa substituir o mau hábito por um hábito melhor. Quando você tenta apenas abandonar o hábito ruim, acaba dependendo só da sua força de vontade, e como a gente já viu, a força de vontade tem limite.

Quando tentamos criar um novo hábito, a primeira semana é a mais difícil. Seu cérebro e corpo não estão acostumados com aquela rotina, e a resistência é grande. Por isso, crie lembretes em vários lugares.

Pode ser bilhetinhos nos bolsos das calças, despertadores no celular, ou qualquer outra forma de manter bem claro na sua mente e reforçar o objetivo daquele novo hábito. Isso vai impedir que você desista no meio do caminho.

Provavelmente você terá que reestruturar seu ambiente durante os primeiros 30 dias, para que não caia na tentação de voltar ao velho hábito, e dependendo de como já esteja o seu hábito, você até pode tomar uma atitude um pouco mais firme.

Se você quer largar o hábito de fumar, jogue fora os cigarros e evite ambientes frequentados por fumantes. Se quer mudar o hábito de assistir tv todos os dias, tire sua tv da sala, ou desligue ela da tomada.

Quer mudar o hábito de ficar checando o celular a todo instante? Mantenha ele longe dos seus olhos e da sua mão, se a tentação para checar as notificações ou jogar for muito grande, desligue ele e entregue para outra pessoa guardar e peça para devolver apenas depois que você tiver terminado suas tarefas. A intenção dessas atitudes mais drásticas é criar uma quebra do padrão do mau hábito.

Além das distrações físicas, existem os padrões de pensamento que também podem te distrair e tirar você do caminho. Existe uma técnica bastante simples chamada "mas" que é usada para quebrar esses padrões negativos de pensamento.

Funciona assim, quando você perceber que esses pensamentos ruins estão surgindo, interrompa e corrija o pensamento usando o "mas". Por exemplo, "Me exercitar todos os dias é cansativo, mas eu sei que posso continuar se me manter firme". "Acordar mais cedo está me deixando com sono durante o dia, mas eu sei que isso é passageiro e em breve meu corpo vai se acostumar e vou conseguir atingir meu objetivo".

Não espere que no terceiro dia tudo vai estar bem e você estará totalmente feliz com o seu desempenho. Isso não é construído da noite para o dia. Alguns tropeços podem acontecer, porém manter a motivação e a consistência fará você continuar no caminho.

Lembre-se de que isso é apenas um experimento, por isso não faça qualquer julgamento antes do prazo de 30 dias. Você sempre sai da experiência muito maior do que quando entrou nela.

Reconheça o seu próprio esforço e comemore até os pequenos avanços. Ao invés de manter seu foco no quanto falta, comemore o quanto já foi feito.

O CALENDÁRIO DE SEINFELD

O insucesso é apenas uma oportunidade para recomeçar de novo com mais inteligência.
- Henry Ford

Jerry Seinfeld é um comediante americano que se tornou bastante conhecido depois de fazer uma série de TV chamada Seinfeld na década de 90. Talvez você conheça.

Um dia um repórter perguntou qual era a fórmula para se tornar um bom comediante, Seinfeld respondeu que o seu segredo para se tornar um comediante cada vez melhor era escrever todos os dias, nem que fosse uma única piada.

Mas como o hábito de escrever todos os dias não é algo muito fácil de se conseguir, ele também explicou como fazia para ter a disciplina de escrever todos os dias.

A técnica que ele criou é extremamente simples e consiste em acompanhar suas vitórias dia a dia.

Funciona assim: você desenha ou imprime um calendário e pendura na parede ou em algum lugar em que você veja no mínimo uma vez por dia. Com uma caneta vermelha, a cada dia em que você fizer algo relacionado ao seu objetivo você faz uma marcação com um xis.

No dia em que não fizer nada, você deixa em branco, mas o objetivo é claro: Criar uma sequência de dias marcados com xis.

É uma técnica extremamente simples, e é ótima para hábitos mais que precisam ser executados todos os dias.

Não vale mentir, nem trapacear. Mas você pode marcar mesmo que tenha feito o mínimo para manter o seu hábito. Ou seja, se o objetivo é ler durante 30 minutos todos os dias, mas você leu apenas 10 minutos, ainda vale. O que importa aqui é que você mantenha o objetivo fixado na mente, e trabalhe de forma consistente, assim seu hábito será criado sem muito esforço.

Fazer as coisas aos poucos, passo a passo, mas de forma consistente, é mais produtivo a longo prazo do que apenas ter alguns poucos dias de super produtividade e outros tantos dias sem ter feito nada.

E, caso você quebre a sequência por muito tempo, é sinal de que algo está errado – pode ser sua falta de compromisso com o objetivo ou até mesmo o fato de você ter percebido que aquilo não vai te ajudar muito. Aí é hora de rever as metas e começar de novo.

E isso funciona mesmo?

Bom, como tudo na vida, depende mais da sua força vontade e esforço do que da técnica em si.

Ok, eu gostei da ideia, vou tentar, mas eu tenho que usar um calendário mesmo?

Se você não quiser, não precisa, estamos na era dos aplicativos. Se você usar IOS pode baixar o Streaks, ou se você usar Android pode experimentar o Goal Tracker. Na sessão de downloads você vai encontrar o link para um app Android e uma para IOS.

Aplicativos podem ser mais práticos, além de medirem o seu desempenho (tempo máximo sem quebrar a sequência) e poder criar vários calendários, um para cada hábito que quer criar.

Mas na verdade não importa se é no papel, no celular ou na parede do seu quarto, o importante é registrar diariamente suas vitórias e não quebrar a sequência. Quando menos imaginar, você vai conseguir criar seu hábito.

PARTE 6.
MOTIVAÇÃO

O FATOR MOTIVAÇÃO

Uma autoimagem forte e positiva é a melhor preparação possível para o sucesso.

- Joyce Brothers

Um dos maiores desafios quando tentamos mudar algo em nossa vida é encontrar a motivação para persistir.

Mas lembre-se de uma coisa: a vitória é uma tentativa que deu certo, no meio de outras que não deram.

A motivação é a força que te impulsiona em direção a uma meta, é o que te faz seguir em frente. Existe vários tipos de motivação, e ela pode ser positiva ou negativa. Por exemplo, um chefe que ameace despedir alguém que não está produzindo o bastante pode ser bastante motivador, embora seja uma motivação negativa. E não há dúvidas de que a motivação positiva funcione melhor.

É muito melhor quando você faz algo porque deseja fazer, e não porque se sente obrigado.

Mas como disse Zig Ziglar, a motivação é como o banho, só tem efeito se for diário.

Durante a jornada vão existir etapas que vão fazer sua motivação diminuir, isso é normal. Por isso é importante você saber como agir para manter sua motivação.

Liste as situações da sua vida onde você desistiu e reflita sobre o motivo da desistência. O que te fez parar? Por que não conseguiu o que queria?

Essa lista vai ajudar você a se preparar para os problemas que podem surgir. O que você pode fazer em situações futuras para evitar a desistência.

Após conhecer esses pontos que podem te fazer perder a motivação, o próximo passo é se auto motivar. A motivação nada mais é do que a preparação para enfrentar momentos difíceis.

E uma das formas para isso é cultivando o pensamento positivo. Já falamos disso no início do livro, mas é importante reforçar a necessidade de treinar a mente para que diante de um problema, o foco seja a SOLUÇÃO e não no problema.

Em alguns dias você vai acordar sem a menor vontade de levantar-se da cama, de se exercitar, de trabalhar ou fazer qualquer coisa que tenha planejado para aquele dia. Mas, em vez de ficar pensando em como vai ser difícil fazer as coisas, diga a si mesmo que só precisa começar.

As coisas sempre parecem mais difíceis quando estamos cheios de preguiça, desanimados. Mas quando você dá a partida e apenas começa a se mexer, percebe que as coisas se tornam mais simples.

Não se cobre demais e também não se compare com outras pessoas. Aliás, ficar comparando seus resultados é uma péssima ideia. Ao invés disso observe o quanto você já evoluiu e os resultados que já conquistou.

Uma forma bastante simples e muito eficaz de se manter motivado é visualizar seus resultados.

Feche seus olhos e imagine que você já alcançou seu objetivo. Como você está se sentindo? Onde você está neste momento? Como está vestido? Tem alguém comemorando com você? Quem é? O que você está vendo?

Crie uma imagem mental do momento em que atinge sua meta, e faça essa visualização diariamente. Essa é umas das melhores técnicas para manter sua motivação por um longo tempo.

Controle seus pensamentos e lembre-se de que você se torna aquilo em que pensa na maior parte do tempo. Tenha certeza de que você está pensando e falando sobre as coisas que você quer, e não das coisas que você não quer, muito menos reclamando das coisas.

Mas mesmo com todas essas técnicas, a verdade é que é difícil manter qualquer atividade que seja por muito tempo se ela não der resultados, ou se ela não for prazerosa.

Por isso você precisa descobrir a alegria nas suas atividades, e não depender apenas dos resultados. Encontre o prazer nas coisas que faz. É o que você faz diariamente que deve te motivar, e não só os resultados, eles podem demorar para chegar.

Com certeza você sabe que se persistir por tempo suficiente na busca do seu objetivo, você vai alcançá-lo. O que você precisa é ter paciência e motivação, sabendo que tudo isso deve partir de dentro de você.

Para isso, temos uma grande pergunta: o que você pode fazer a partir de agora para manter sua motivação ativa até alcançar os resultados que você deseja?

Responda essa pergunta de forma clara e sincera, e você terá nas suas mãos a maior e melhor fonte de motivação de todas.

A MOTIVAÇÃO EXTERNA

Fracassos, para mentes heroicas, são os degraus do sucesso.
- Thomas Chandler Haliburton

Nós acabamos de ver que a motivação é um fator essencial para nos manter no caminho dos nossos objetivos.

Isso parece óbvio. O que não parece ser tão óbvio assim é que nem sempre você vai conseguir se manter sozinho, apenas usando a SUA motivação e força de vontade. Algumas vezes, você vai precisar de uma ajudinha de fora para conseguir se manter no caminho.

Contar com a ajuda de pessoas nesses momentos é algo muito importante. Compartilhar seus objetivos com alguém em quem você confia vai te ajudar a superar alguns desafios, seja pela ajuda dessa pessoa, por seus conselhos ou porque ela divide o trabalho com você.

O que importa é que você não tente fazer tudo sozinho, aliás, dificilmente você vai conseguir fazer tudo o que quer sem ajuda de outra pessoa.

Mas veja, não basta apenas compartilhar seus objetivos com alguém e esperar que ela tome a atitude de te ajudar ou te mostrar o caminho. Você precisa dar autoridade para essa pessoa poder te corrigir, te alertar, e por que não, dar um puxão de orelha quando for preciso.

Com certeza você tem alguém em quem pode confiar. Converse com essa pessoa e explique o que você está pensando, e diga que precisa de ajuda, que se você sair da linha, gostaria que ela o alertasse.

Você não precisa ter vergonha de pedir ajuda. Nenhuma das grandes conquistas do mundo foi conseguida sozinha.

Participe de grupos que têm o mesmo objetivo que o seu, esta é uma ótima oportunidade de se motivar, se inspirar e também refletir.

Quando tornamos nossos objetivos públicos, criamos uma certa pressão externa sobre nós mesmos. É mais ou menos algo do tipo, "caramba, eu disse que ia fazer, agora eu preciso fazer mesmo".

É claro que no meio do caminho você pode perceber que aquilo que prometeu fazer não tem o menor sentido. Mas tenha certeza de que isso não é mais uma desculpa para desistir.

Cercar-se de pessoas positivas é algo que pode fazer toda a diferença. Nada é tão ruim quanto uma pessoa que só sabe reclamar. Esse tipo de pensamento é contagioso. Se você puder, fuja dessas pessoas. Além disso, procure evitar notícias negativas.

A produtividade está em você mudar a forma de pensar, para depois mudar sua forma de agir, e só a partir daí, conseguir mudar seus resultados. É um processo. E se preocupar com notícias negativas não vai te ajudar. Quanto mais positiva for sua rotina, melhor.

PROCRASTINAÇÃO POSITIVA

Inspiração vem dos outros. Motivação vem de dentro de nós.

- Anônimo

Depois de todos os problemas que a procrastinação pode causar, falar sobre procrastinação positiva pode parecer um pouco estranho.

Mas não se deixe enganar, a procrastinação positiva é uma técnica incrível, que pode aumentar significativamente sua produtividade.

Como já dissemos aqui, por mais que a gente tenha tudo planejado, organizado, priorizado e preparado, nunca vamos conseguir fazer tudo o que precisa ser feito. De uma forma ou outra, você vai acabar procrastinando alguma coisa.

Agora, a diferença entre uma pessoa que consegue produzir muito e outra que não consegue está no que cada uma escolhe fazer.

Ou seja, já que você vai ser obrigado a procrastinar alguma coisa em algum momento, o que você escolhe deixar para depois faz toda a diferença.

Aqui vai um ponto importante que você precisa guardar. Para estabelecer prioridades, antes você precisa aprender a estabelecer posterioridades.

Vamos lá, prioridade é o que você precisa fazer primeiro, e posterioridade é o que você pode deixar para fazer depois, ou nem mesmo precisa fazer.

Nós já vimos um conceito parecido quando estudamos o método EDT.

E por que estamos falando disso outra vez? Simplesmente porque esse é um dos pontos essenciais da produtividade.

Ser produtivo não significa fazer tudo, mas sim fazer as coisas importantes na medida e no momento apropriado.

Grave isso, para fazer algo novo e importante, você precisa deixar de fazer algo velho que não te traga benefícios.

A procrastinação positiva, é a habilidade de identificar as atividades que você pode adiar intencionalmente.

A maior parte das pessoas pratica a procrastinação negativa, que é quando elas adiam as tarefas sem nenhuma distinção. Normalmente adiando as que são importantes, sem nem mesmo perceber que estão sabotando a si mesmas.

O objetivo aqui é mostrar que você pode sim deixar algumas tarefas para depois, desde que identifique as tarefas que agregam pouco valor aos seus objetivos.

Para te ajudar, sempre que estiver prestes a iniciar uma tarefa que você não tem certeza se é realmente importante faça essa pergunta: Se eu deixasse para fazer isso depois, meu objetivo poderia sofrer algum impacto negativo?

Se a resposta for não, você acabou de encontrar uma tarefa que pode ser adiada, ou até mesmo eliminada da sua lista.

Aprender a fazer o que é importante, é antes de tudo, aprender a deixar de fazer o que NÃO É IMPORTANTE.

CONSIDERAÇÕES FINAIS

Queria te parabenizar pelo empenho e dedicação. Espero que o que você aprendeu nesse tempo que passamos juntos possa ajudar a ampliar sua mentalidade e aumentar sua produtividade.

Espero que você tenha gostado de ler, este livro tanto quanto eu gostei de pesquisar, planejar e escrevê-lo.

Agora sua produtividade depende de você colocar em prática as técnicas que aprendeu, adaptar o que achar necessário, e não parar de buscar. Continue estudando e ampliando seu conhecimento.

Se você acha que faltou falar de algum assunto, ou tem alguma sugestão de como poderíamos melhorar o conteúdo, fique à vontade para fazer sua sugestão. É só enviar um e-mail para ebooks@academiaideia.com.

Eu terei prazer em responder pessoalmente sua mensagem.

Bom, é isso. Mais uma vez, muito obrigado, e espero te ver novamente em breve. Até mais!

Ismar Souza

Ismarsouza.com

www.ingramcontent.com/pod-product-compliance
Lightning Source LLC
Chambersburg PA
CBHW030704220526
45463CB00005B/1894